당신도 이미
베스트셀러 작가이다

KB077387

당신도 이미 베스트셀러 작가이다

초판 1쇄 2021년 05월 13일

지은이 김선옥 | **펴낸이** 송영화 | **펴낸곳** 굿위즈덤 | **총괄** 임종익

등록 제 2020-000123호 | **주소** 서울시 마포구 양화로 133 서교타워 711호

전화 02) 322-7803 | **팩스** 02) 6007-1845 | **이메일** gwbooks@hanmail.net

© 김선옥, 굿위즈덤 2021, *Printed in Korea*.

ISBN 979-11-91447-23-1 03190 | 값 15,000원

당신도 이미
베스트셀러 작가이다

김선옥 지음

굿위즈덤

사람은 책을 만들고 책이 사람을 만든다

책이 어떻게 사람을 만들까!

"성공하고 싶으면 우선 책을 읽으세요."라고 한

어느 유튜버의 말이 내게 명언이 되었다.

교직 생활 내내 학생들에게 강조해왔던 이 흔한 말이

부메랑이 되어 내 가슴에 꽂혔다.

난 최면에 걸린 듯, 책장으로 달려가 책을 꺼내 들었다.

그리고 앉을 새도 없이 서서 읽어내려갔다.

책을 읽는다는 것은 자신의 미래를 만든다는 것.

책을 읽으며, 내 인생 5년 후를 생생하게 그렸다.

책을 쓴다는 것은 자신의 눈부신 미래를 만든다는 것.

그리고 그날, 나는 책을 쓰기로 결심했다.

생생하게 그린 그 꿈으로, 꿈꾸듯이, 뛰는 가슴으로

나의 첫 개인 저서 『당신의 삶도 이미 베스트셀러이다』를 써 내려갔다.

이제 두 번째 저서 『당신도 이미 베스트셀러 작가이다』가 출간된다.

코로나 시대, 난 독서를 하고 책을 쓰기 시작했다.

한 권을 쓰니 두 권으로 이어졌다. 책을 써보니,

가슴 뛰는 삶이 계속되었다. 코로나로 인한 우울감도 사라졌다.

내 인생 최고의 무기인 저서를 또 지니게 되었다.

이제 '선생님'보다 '작가'라는 호칭이 좋다.

책이 이렇게 나를 작가로 만들었다.

빌 게이츠는 "오늘의 나를 있게 한 것은 우리 마을 도서관이었다.

하버드 대학교 졸업장보다 소중한 것은 독서하는 습관이다."라고 했는
데,

내게 서울대학교 졸업장보다 더 소중한 것은 '작가'라는 호칭이다.

당신은 은퇴 롤모델이 있는가? SNS 시대, 1인 1책 쓰기 시대다.

자신이 평범하다고 생각한다면 책 쓰기는 필수이다. 3개월 만에 저서를 지닐 수 있다.

당신의 삶도 이미 베스트셀러이니, 당신도 이미 베스트셀러 작가이다.

초보 작가를 위해 책 쓰기 기획 6단계와 유의점, 첫 문단 잘 쓰는 비결,

그리고, 초고 집필 성공을 위한 8가지 노하우를 비롯하여

성공적인 출판사 계약과 홍보 마케팅 방법을 실었다.

메신저 산업의 세계에 초대받아 내가 작가가 되었다.

이제 당신을 이 메신저 산업의 세계에 초대하고자 한다.

당신도 이미 베스트셀러 작가이니, 책 쓰기! 시작만 하면 된다.

　　김선옥 작가의 두 번째 책 『당신도 이미 베스트셀러 작가이다』의 원고를 읽으면서 잔잔한 감동과 깊은 울림을 받았다. 나는 김선옥 작가의 첫번째 책 『당신의 삶도 이미 베스트셀러이다』를 2020년 12월 14일 서울 광화문 교보문고에서 구매해 읽고, 저자에게 메일을 보내면서 소통을 하게되었다. 첫 번째 책을 읽으면서 감동을 받았듯이, 두 번째 책도 역시 술술 읽히는 문체로 김선옥 작가만이 쓸 수 있는 스토리로 엮어 감동을 받았다.

　　『당신도 이미 베스트셀러 작가이다』는 책을 쓰고 싶으나 두려움이 있어 망설이는 사람들에게 교과서와 같은 책이 되리라 확신한다. 이는 김선옥 작가가 이미 첫 책에 이어 두 번째 책을 용기 있게 써냈고, 경험을 바탕으로 책 쓰기에 관한 모든 것을 담았기 때문이다. 그리고 학교에서 아이들을 가르치는 교사로서 직장에 다니면서 새벽 시간을 활용하여 책을 썼기에, 시간이 없다고 책 쓰기를 망설이는 모든 분에게도 더없는 동기부여가 되는 책이라고 여겨진다.

『당신도 이미 베스트셀러 작가이다』는 제목만 읽어도 책을 쓰고 싶다는 생각을 갖게 만들고, 쉽게 읽고 감동받을 수 있는 문체와 내용으로 쓰여 있다. 그래서 모든 사람에게 적극적으로 추천하고 싶다. 김선옥 작가의 글을 읽으면서 느끼는 것은 국어 교사로서 오랜 경험과 독서의 힘에서 나오는 글 전개 능력이 탁월해 파워 있는 작가라는 점이다. 그래서 김선옥 작가의 글은 어느 독자에게든지 큰 감동을 줄 것으로 생각한다.

　독자의 사랑을 받은 첫 책보다, 두 번째 책 『당신도 이미 베스트셀러 작가이다』는 더 많은 독자의 사랑을 받으리라 확신한다. 그리고 저자가 소원하는 대로, 책 출간과 함께 책 쓰기 코칭 작가로서의 새로운 인생 2막의 길도 활짝 열리리라 믿는다. "쓰면 이루어진다."라고 말한 앤 클라우저 박사의 말대로, 김선옥 작가가 이번 책에 쓴 대로 모두 이루어지기를 기원하며, 두 번째 책 출간을 진심으로 축하드린다.

박성배 박사(한우리 미션밸리 대표, 대한민국 대표 책 쓰기 코칭 작가)

목차

1장 코로나 시대, 책 쓰기로 일어서다

4장 초고 집필 성공을 위한 8가지 노하우

5장 성공적인 출판사 계약과 홍보 마케팅 방법

BestSeller

코로나 시대,
책 쓰기로
일어서다

01

'선생님'보다
'작가'라는 호칭이 좋다

—

미래는 자신이 가진 꿈의 아름다움을 믿는 사람들의 것이다.

– 엘리노어 루스벨트 –

교사가 되기 전까지는 사람들이 나를 부를 때, 내 이름 석 자 아니면 언니이며 누나였다. 그런데 교사가 되어 출근해보니, 나를 부를 때마다 '선생님'이라 불렀다.

"선생님, 안녕하세요? 좋은 아침입니다."
"선생님, 역설법과 반어법 좀 설명해주세요."
"선생님, 청소 마쳤습니다. 검사해주세요."

"선생님, 백일장 관련 공문 처리했어요? 오늘까지 교육청으로 발송해야 합니다."

"선생님, 우리 애 공부 잘하고 있어요? 공부 너무 안 해서 걱정입니다."

'선생님'이란 호칭을 들을 때마다 기분이 좋았고, 감사했다.

그런데 '선생님'이란 호칭은 제자를 가르치는 교사만 듣는 호칭이 아니다. 관공서나 기업에서 '선생님'이란 호칭을 많이 쓴다. 그리고 나이 들수록 들을 확률이 높아지는 호칭이다. 왜냐하면 '아저씨' 또는 '아줌마'라는 호칭을 싫어하기 때문이다. 특별히 골드미스에게 '아줌마'라고 부르면 봉변당할 수도 있기 때문이다. '선생님'이란 호칭은 부르기도 편하고 듣는 상대도 대부분 싫어하지 않기 때문이다.

온라인 리서치 업체인 '두잇 서베이'에서는 2014년 9월에 호칭을 조사하여 올린 적이 있다.

호칭 때문에 기분 나쁜 적 있다는 사람들이 63.8%로 가장 듣기 싫어하는 호칭은 '아줌마'와 '아저씨'로 나타났다. 50대 이상 남자들은 '아저씨'(21.3%)보다는 '어르신'(43.4%)이란 말을 더 듣기 싫어하는 호칭으로 선택했다. 62.6%의 절반이 넘는 사람들은 길 가다가 누군가가 '아줌마'

혹은 '아저씨'라는 호칭으로 부른다면, 응답하지 않겠다는 의사를 밝히기도 했다.

반면, 가장 듣기 좋은 호칭으로는 '오빠'와 '언니'로 나타났다. 연령대별로 퍼센트가 조금씩 다르기는 하지만, 모든 연령대의 남자 응답자들은 '오빠'를 최고의 호칭으로 꼽았다.

당신은 어떤 호칭으로 불리고 싶은가? '오빠' 또는 '언니'인가? 나에게는 최고의 호칭이 생겼다. 바로 '작가'라는 호칭이다. 작년 초, 유튜브를 통해 듣게 된 말,

"성공하고 싶으면 책을 읽으세요."

이 평범하면서도 내게는 이제 명언이 된 이 말에 의해, 책을 읽고 책을 썼다. 그리고 초고를 완성하여 여러 출판사에 이메일로 투고했다. 투고하자마자 전화가 걸려 오고, 문자 메시지가 왔으며, 이메일 답장이 왔다. 호칭은 모두 '작가님'이었다.

이 중에 제일 먼저 전화를 주신 분이 〈한국경제신문 i〉 대표님이었다. 전화 목소리는 점잖으셨으며, 여유가 있어 보였다. 계약 조건을 말씀하시면서 생각해보고 연락을 달라고 했다. 난 마음속으로 이 출판사와 이미 계약을 결정했다. 전화를 끊고 다른 출판사에서 온 문자와 이메일들을 확인하면서, 시간 낭비하지 말고 계약해야겠다고 생각했다. 전화를 제일 먼저 주신 대표님의 적극적인 행동이 마음에 들었다. 난 전화를 걸

어 계약하자고 했고, 계약서를 이메일로 먼저 받은 다음, 등기로 받기로 했다.

계약서가 등기로 왔다고 연락이 왔다. 직장이 가까이 있으니 직장으로 갖다 주시면 안 되겠냐고 했더니, 관할 구역이 아니라는 이유로 안 된다고 했다. 퇴근하면서 우체국으로 가야만 했다. '수신 주소를 집 주소로 하지 말고 직장 주소로 했으면 쉽게 받아볼 수 있었을 텐데…' 후회했다. 등기 우편물을 받기 위해 퇴근길에 우체국에 들렀다. 우체국에서는 업무를 마무리하면서 퇴근 준비를 하고 있었다.

"등기물을 찾으러 왔습니다. 김선옥입니다."
"신분증 좀 주세요."
"참, 차에 놓고 왔네요. 금방 가져올게요."
"아 아닙니다. 작가님. 등기물을 가져가셔도 되겠습니다."

직원이 등기물을 확인하더니, 신분증도 확인하지 않고 내게 등기물을 건넸다. 이날 출판 계약서 등기물을 받으면서 작가가 된 것이 실감이 났고 '작가'라는 호칭이 참으로 듣기 좋은 호칭이라는 것을 알게 되었다. 그 후부터는 작가라는 호칭이 계속 나를 따라다녔다.

"작가님, 등기물은 잘 받으셨어요? 계약서 두 부를 보내드렸는데, 한 부는 작가님이 가지고 계시고, 다른 한 부는 작가님의 도장을 찍어 출판사로 보내주셔야 합니다."

"작가님, 간지도 찍어야 합니다."

"작가님, 원고 퇴고 시간을 충분히 드릴 테니 천천히 검토해주세요."

"작가님, 원고를 신물이 나도록 보세요. 더는 보기 싫을 때까지 검토하시고 연락해주세요."

이렇게 계속 '작가님, 작가님'으로 불리면서 출판사와 문자를 주고받고, 전화를 주고받았다.

'작가'로 불리게 된 것이 하루아침에 된 것이 아니다.

장석주 시인의 시「대추 한 알」에서 자세히 이야기해주고 있다.

저게 저절로 붉어질 리는 없다

저 안에 태풍 몇 개

저 안에 천둥 몇 개

저 안에 벼락 몇 개

(이하 생략)

출처: 『대추 한 알』 장석주 지음, 이야기꽃, 2015.

태풍, 천둥, 벼락, 번개가 대추를 붉게 만들었으며, 무서리, 땡볕, 초승달이 대추를 둥글게 만들었다. 시인이 그렇게 말하니, 대추도 우리에게 그렇게 이야기해주고 있다.

대추는 세상과 통하였다. 그렇게 통하지 않고는 결코 붉게 그리고 둥글게 되지 못했을 것이다. 어디 대추뿐이겠는가. 인간을 포함하여 세상만물, 세상만사가 다 그렇다.

그동안 내게 태풍, 천둥, 벼락, 번개 같은 아픔과 시련이 있었기에 작가가 될 수 있었다. 내 삶의 무서리와 땡볕을 인내로 극복해냈기에 작가가 될 수 있었다. 그리고 초승달 뜬 밤에 외로움이 있었기에 작가가 될 수 있었다. 저절로 대추가 붉어질 리 없고, 저절로 대추가 둥글어질 리 없듯이 저절로 작가가 된 것이 아니다.

그동안 '선생님'이란 호칭은 많이 들었으니, 이젠 '작가'라는 호칭이 더 좋다. 좋은 호칭은 누가 만들어주는 것이 아니다. 자신이 만드는 것이다. 인생은 이렇게 자신이 만들어가는 것이다. 동서고금을 막론하고 인생은 예외 없이 자신이 만들어가는 것이다.

"성공의 커다란 비결은 결코 지치지 않는 인간으로 인생을 살아가는 것이다."

알버트 슈바이처의 말이다. 성공은 누가 가져다주는 것이 아니다. 지치지 않는 열정으로 자신이 만들어내는 것이다. 자신이 하나씩 만들어내다 보면, 세상과 통하는 날이 다가올 것이다. 지치지 않는 열정이 세상만사의 이치를 깨닫게 할 것이다.

02

개인 저서 출간 후,
뻔뻔해지다

—

작가로서 삶을 시작하는 사람들에게
글쓰기 재능을 연마하기 전에 뻔뻔함을 기르라고 말하고 싶다.

– 하퍼 리 –

당신은 자신의 성격에 대해 얼마나 알고 있는가? 어떨 때는 겸손한 사람이 되었다가도, 어떨 때는 뻔뻔한 사람이 되기도 하는 자신에 대해 생각해본 적이 있는가? 이러한 성격은 고정되어 있지 않고 상황에 따라, 상대에 따라, 어떤 계기에 따라 변하고 있다는 것을 느끼지 못했는가? 나 또한 나에 대해 잘 모르고 있었다. 그런데 내 인생 최고의 무기인 개인 저서를 출간하고 난 후, 뻔뻔해졌다.

나의 첫 개인 저서 『당신의 삶도 이미 베스트셀러이다』가 2020년 12월

15일 자로 출간되었다. 1주일 전, 내 책 속의 등장인물인 중학교 동창생인 한종덕 친구에게 소식을 알렸다. 친구는 자신에게만 알릴 것이 아니라 동창들에게 알려야 하지 않겠느냐고 했다. 내가 직접 카톡방에 올릴 용기는 없고, 초등학교와 중학교 동창회장에게 책 이미지 사진을 건네며 소식을 전했다. 두 회장은 기뻐하며 내 소식을 동창 카톡방에 올렸다. 여기저기에서 축하한다는 문자들이 쏟아져 올라왔다.

"첫 개인 저서 베스트셀러 문단 입문, 축하합니다."

"진심으로 축하합니다. 멋지고 부럽습니다."

"당신의 아름다움도 이미 베스트입니다."

"자랑스런 친구, 축하합니다."

"젊어서는 책 보는 게 수면제였는데, 나이가 들면서 철이 드나 봐, 다른 책도 아닌 우리 친구의 마음을 읽어볼 수 있는 책이기에 기대가 되네."

"당신의 노고에 박수를 보냅니다. 제목이 가슴 뛰게 잘 지어, 읽고 싶은 충동이 일어나요. 축하합니다."

이렇게 동창생들의 축하 인사를 받으니, 저서를 출간했다는 것이 실감 나기 시작했다. 책 쓰느라 고생한 보람이 있었다. 난 점점 용기가 생겼고 뻔뻔해지기 시작했다. 동창들 카톡방에 내 블로그를 링크할 수 있는 주소를 순식간에 올린 것이다. 뻔뻔해지는 것은 순간이라는 것을 알았다. 나도 나에 대해 알리고 싶어 하는 본능이 있었음을 이때 알았다.

"블로그로 놀러 가겠습니다."
"당신의 삶도 이미 베스트셀러이다. 기다려진다."
"내 친구 중에 글 쓰는 작가가 있다는 것에 엄청 영광입니다."
"코로나19로 인해 힘든 세상! 독서가 최고입니다. 축하합니다."
"책 구매해 꼭 읽겠습니다."
"코로나 시대에 발간한 책, 제목이 독자들에게 힘이 되네. 축하하네."

메시지가 계속 쏟아졌다. 이보다 더 행복할 수는 없으리라. 친구들은 이미 올린 책 표지 이미지를 복사해서 또 올리기도 했다.

오프라인 서점은 물론이고 인터넷 서점에서 책이 판매되기 전에, 저자인 나에게 먼저 책이 담긴 박스가 도착했다. 황급히 책 박스를 열어보니, 나의 땀과 눈물의 결과물이 켜켜이 쌓여 있었다. 노란빛과 핑크빛의 조화를 이룬 책 표지가 환한 미소로 얼굴을 내밀었다. 한 권을 꺼내 들어 가슴에 안았다. 뱃속에서 열 달 동안 있다가 출산한 아이 안아 보듯, 책을 안았다. 코로나로 인해 얼어붙은 마음과 몸을 나의 첫 개인 저서가 따뜻하게 녹여줄 수 있겠다는 확신이 들었다.

동창들의 마음이 참으로 급했다. 내 저서를 빨리 읽고 싶어 했다. 어떤 친구는 서점에 갔다가 빈손으로 되돌아왔다고 했다. 어떤 친구는 교보문고 책장의 사진을 올리면서 내 책이 베스트셀러 자리에서 빛날 것이라고 덕담도 해주었다. 어떤 친구는 언제 책이 나오냐고 또 물었다. 출산할 때의 광경과 매우 흡사했다. "낳았어? 아직도 진통 중이라고?"

드디어 온라인 서점에서 판매가 시작되었다. 내 여동생은 집 가까이에 있는 서점에 날마다 가본다고 했다. 나보다 더 좋아하는 여동생, 언니의 첫 개인 저서가 서점에 버젓이 누워 있는 모습을 직접 눈으로 확인하고 싶어 간다고 했다. 며칠 후, 드디어 책이 서점에 나왔다고 사진을 찍어 5남매 카톡방에 올렸다. 언니로부터, 동생들로부터 축하한다는 말을 또 들었다. 동창생들도 책을 구매했다고 표지 사진을 찍어 카톡방에 올렸다. 어떤 동창생은 '책 주문 내역서'를 사진으로 찍어 올리기도 했다. 책을 어렵게 구매했노라고 한 명씩 알리기 시작했다. 어떤 친구는 벌써 읽고 독후감도 올렸다.

"친구! 책 제목에서 말하듯이 이미 베스트셀러요, 책 읽기 싫어하는 나 같은 놈도 읽고 있으니……."
"난 오늘 교보문고에 가서 책 한 권 샀어. 한 권 더 사야 하는데, 다음 주에 또 가려고."

"작가님! 책 잘 읽었어요. 얼마 만에 독서를 했는지 모르겠네. 까마득하네. 역시 선생님이라 그런지, 책 쓰라고 그렇게 가르치네. '시'가 무지 감동, 그리고 언제 피아노 연주를 들을 수 있으려나! 그동안 몰랐던 김 작가님에 대해 많이 알게 되었네. 노력하면서 바쁘게 살았다는 것을 알 수 있었네. 다음에는 시집 한 권 내줘요. 집필하느라 수고했어요."

이렇게 난 행복한 나날을 보내고 있다. 학교 일에 바쁘다 보니, 책 보낼 곳이 많은데, 틈이 나지 않았다. 학년 말 학교생활기록부 기록이며, 교육청에서 지원해준 목적사업비 정산으로 하루가 한 시간처럼 지나갔다. 월요일인가 하면 벌써 주말이고, 월초인가 하면 벌써 월말이다. 광음사전(光陰似箭; 세월이 쏜 화살처럼 날아가다)이란 단어가 적절한 표현이다. 영어 표현은 'Time flies like an arrow'로, 어쩜 이렇게 표현이 똑같을까!

세상에는 두 부류의 사람이 있다. 하나는 자신의 꿈을 향해 머뭇거리지 않고 앞만 보며 나아가는 사람이다. 또 하나는 다른 사람의 시선에 사로잡혀 자신의 꿈을 제대로 펼치지 못하는 사람이다. 이 두 부류 중, 당신은 어떤 부류에 속하는가? 어떤 부류의 사람들이 자신의 꿈을 펼쳐 성공에 이르겠는가? 성공한 사람들은 한결같이 자신의 꿈을 향해 앞만 보며 나아갔다. 주변 사람들의 말이나 시선에 얽매이지 않았다는 것이다.

나도 과거에는 남의 시선을 지나치게 의식했었다. 그러나 지금은 성공자의 대열에 들어섰다. 성공자의 대열에 들어서는 것은 그리 어렵지 않다. 다른 사람의 시선에 얽매이지 않고 좀 뻔뻔하게 살아가면 된다. 주변 사람들의 말이나 시선으로부터 자유로워지면 되는 것이다.

세상은 급속도로 변화하고 있다. 인터넷의 발달로 온 세상이 하나가 되는 시대에 우리가 서 있다. 이렇게 변화하는 시대에서 우리는 어떤 정신으로 살아가야 할까? 답은 이것이다. 강한 멘탈을 가지는 것이다. 강한 멘탈의 상징은 '뻔뻔함'이다. 남들의 시선에 구애받지 않고 소신 있게 자신의 갈 길을 가는 것이다. 쓸데없는 고민으로 시간을 허비하지 말아야 한다. 마음에 상처받은 일이 있으면, 신속히 시원한 산들바람에 날려버릴 줄 알아야 한다. 하나뿐인 인생인데, 세월을 허비하며 살면 후회하게 된다. 늘 평온한 마음으로 앞만 보며 즐겁고 행복한 삶을 영위해나가야 한다.

"인생은 얼마나 센 펀치를 날릴 수 있느냐가 아니라 언어맞고도 계속 움직이며 나아갈 수 있느냐이다."

영화 〈록키〉에서 주인공 '록키'가 한 대사이다. 당신은 언어맞아본 적이 있는가? 왼쪽을 언어맞았는데, 갑자기 오른쪽을 또 맞아본 적이 있는가? 얻어맞고도 계속 움직이며 앞으로 나아갈 수 있는 사람은 무엇을 하든지, 어디에 있든지 성공할 수밖에 없다. 강한 멘탈을 지니고 있어야 성공한다. 즉 뻔뻔함으로 자신의 목표를 향해 앞으로 나아가야 한다. 주변을 돌아보며 남의 시선을 의식하기에는 인생이 너무나 짧다.

03

출간 후에도
가슴 뛰는 삶이 계속되다

—

당신이 할 수 있는 가장 큰 모험은 당신이 꿈꾸는 삶을 사는 것이다.

- 오프라 윈프리 -

누구나 놓치고 싶지 않은 꿈이 있다. 누구에게나 간절히 바라는 꿈 하나씩은 가슴속에 간직하고 있다. 그런데 어떻게 해야 그 꿈을 현실로 끌어낼 수 있을까?

"성공하고 싶으면 우선 책을 읽으세요." 이 가슴 뛰는 말 한마디가 나를 작가로 만들었다. 난 최면에 걸린 듯 책장으로 곧장 달려가 하우석 씨의 『내 인생 5년 후』를 꺼내 들고, 앉을 새도 없이 서서 읽기 시작했으니

까. 오랫동안 목말라했던 소가 맑은 시냇물을 만나 물을 벌컥벌컥 들이
켜는 것처럼 쭉쭉 읽어내려갔으니까. 그리고 그날 책을 쓰기로 마음먹었
으니까. 그 결심으로, 뛰는 가슴으로 나의 첫 개인 저서를 써냈고, 투고
하여 좋은 출판사를 만났다. 그리고 내 이름 석 자를 새긴 저서가 세상에
예쁜 모습으로 출간되어 베스트셀러가 되었다.

나의 분신인 저서가 세상에 나오니, 처음 책을 쓰기 시작했을 때처럼
가슴 뛰는 삶이 계속되고 있다. 서울 광화문 교보문고에서 책 표지도 예
쁘고 제목에 끌려 구매해 읽었노라고 전혀 모르는 분으로부터 이메일이
왔다. 어떤 사람은 내 책을 읽고 당장 책을 쓰고 싶으니, 책 쓰기 코칭을
해달라고도 했다. 여기저기에서 축하한다고 전화가 걸려왔다. 동창들이
책 읽기 경쟁이라도 벌인 듯, 구매한 책 표지 사진을 찍어 카톡방에 올렸
다.

어떤 독자는 인터넷 교보문고에 다음과 같이 리뷰를 길게 달아주기도
했다.

"책을 읽으면서 작가의 이타적인 사랑이 우리 사회를 따뜻하게 만든다
고 생각하게 되었다. 코로나로 인해 지치고 힘든 시기에 딱 맞는 책이라
는 생각이 들었다. 작가의 가슴 적시는 삶의 이야기가 감동으로 다가와
내 마음을 정화해주는 느낌이다.

아직 다 읽지는 못했지만, 이 책을 빨리 다른 사람들에게 소개해주고 싶은 마음에 이렇게 리뷰를 달고 있다. 읽기 쉽게 편집되어 술술 읽히고, 상황에 맞는 성구와 명언이 내용 사이사이에 잘 들어가 있어, 맛있는 샌드위치를 먹는 느낌이다. 군더더기 없는 글이 깔끔하게 전개되고 있어 재미있게 읽힌다. 다음 이야기가 궁금해져 손에서 책을 놓지 못하고 새벽을 맞게 된다.

작가는 최고의 딸이며, 교사이며, 이웃이라는 생각이 머릿속에서 떠나질 않는다. 당신의 삶도 이미 베스트셀러이다. 이 제목 자체가 지친 삶에 위로가 된다."

어떤 독자는 또 이렇게 리뷰를 달았다.

"우연히 손에 들어온 책이어서 '나중에 읽어야지' 하고 있었는데, 늦은 밤 별생각 없이 펼쳐본 책을 새벽 2시까지 읽었다. 그리고 다음 날, 출근해 일하면서 잠깐씩 시간이 날 때마다 읽고 또 읽어 오후에 다 읽어버렸다. 그만큼 이야기에 빠져들어 단숨에 읽게 만드는 매력이 있는 책이다. 지은이의 개인적인 삶의 경험과 독서를 통한 사색의 결과가 재미있게 잘 녹아 있다. 은퇴를 앞둔 저자가 지난날의 삶을 돌아보며, 은퇴 후의 삶을 위한 새로운 인생 계획을 세웠다. 비교적 나이가 어린 사람에게는 '나도 저렇게 다른 사람을 배려하고 최선을 다해 살아야지.'라고 생각하게 만든다. 중장년에 접어든 사람은 '내가 비록 나이가 들었지만, 나도 저렇게 꿈을 가지고 새로운 인생 계획을 세우고 실천해 봐야지.'라는 생각을 하게 만든다. 삶을 긍정적으로 보게 하고, 자신의 삶에 최선을 다할 수 있도록 이끌어 주는 책이다. 많은 분이 읽어 보았으면 좋겠다."

책을 쓰는 순간부터 가슴이 뛰기 시작했는데, 이렇게 책이 출간된 이후에도 계속 가슴 뛰게 만들고 있다. 이렇게 가슴 뛰는 삶이 내가 바라던 삶이다. 이것이 내가 꿈꾸던 삶이다.

미국의 유명한 심리학자인 윌리엄 제임스는 이런 말을 했다.

"우리 세대의 가장 위대한 발견은 자신의 마음가짐을 바꾸는 것으로 자신의 인생을 바꾸는 것이다."

다른 심리학자들 또한 "사람이 마음속에 결의를 다지고 있으면, 준비 단계에 있을 때부터 이미 용모에 나타난다."라고 했다.

그렇다. 이렇게 일찍이 인생의 원리를 깨달은 사람들은 한결같이 생각한 대로의 사람이 된다고 말하고 있다. 내가 책을 쓰기 시작하면서 얼굴이 환해졌다는 말을 들었다. 아니 목소리도 힘차게 변했다고도 했다. 정말로 내가 생각하는 대로 인생이 만들어지고 있다. '생각하는 힘'을 경험하고 있다. 메신저 산업에 초대받아 작가가 되었고, 이젠 새벽에 일어나

불도 켜지 않은 채 먼저 기도하고, 노트북 앞에 앉는 사람이 되었다. 책 쓰는 것이 즐겁다.

작가가 이미 되었으니, 이제 나의 미래 모습을 상상해보겠다. 생각하는 대로 인생이 펼쳐진다고 했으니, 내 인생이므로 내 마음대로 상상해보겠다.

책 쓰기 코칭하는 모습이다. 처음에는 1:1 코칭으로 시작하겠지만, 5명이 되고 10명이 되는 것이다. 수강생 10명 이상 앞에서 코칭하는 것이 나의 꿈으로, 갖춰진 강의실에서 책 쓰기를 가르치는 것이다.

"여러분! 안녕하세요? 이렇게 화창한 봄날, 꽃구경하러 가지 않고, 최고의 무기를 지니기 위해 이곳으로 발걸음을 옮긴 여러분을 환영합니다. 그리고 축복합니다.

에머슨은 "그가 온종일 생각하고 있는 것, 그 자체가 그 사람이다."라고 했습니다. 여러분의 생각을 제가 굳이 묻지 않아도 어떤 생각을 하고 이곳에 오셨는지 다 압니다. 지금 '책 쓰기를 어떻게 하면 잘할 수 있을까?' 생각하고 있죠? 다른 생각을 하는 사람은 한 명도 없을 것입니다.

제가 학교에서 교직 생활을 30여 년 해보니, 수업 태도는 곧 그 학생의 성적과 비례한다는 것을 알게 되었습니다. 제가 학생의 수업 태도를 보고 성적을 정확히 맞혔으니까요. 오늘 여러분을 보니, 모두 100점입니다. 책 쓰기 수업에서 한 마디라도 놓칠세라 이렇게 집중하고 있으니 말입니다. 저는 이렇게 책 쓰기 코칭하는 장면을 꿈꿔왔습니다. 은퇴하면 책 쓰기 코칭을 꼭 해보겠다고 결심했습니다.

책 쓰기 코칭을 하기 위해서 우선 책부터 썼습니다. 책 제목은 『당신의 삶도 이미 베스트셀러이다』입니다. 그리고 두 번째 책은 『당신도 이미 베스트셀러 작가이다』입니다. 첫 저서는 제가 살아온 이야기를 담았고, 이 땅에 사는 사람들 모두는 개인 고유의 삶이 있으므로, 책 쓰기를 할 것을 권했습니다. 한 부모 밑에서 태어나고 자란 형제자매들도 전혀 다른 삶을 살아가고 있고, 일란성 쌍둥이도 태어날 때는 똑같아 보이지만 삶은 똑같지 않으므로, 인생은 각자의 스토리를 가지고 있다고 했습니다. 그러므로 각자의 삶을 책으로 펴낸다면 모두 다른 삶의 베스트셀러가 될 수 있음을 이야기했습니다.

두 번째 저서는 제목이 말하는 대로, 당신도 이미 베스트셀러 작가이니, 책 쓰기 할 것을 권했습니다. 코로나 시대에 저서가 최고의 무기이므로, 각자의 삶을 책으로 펴내기만 한다면, 모두 다른 삶의 베스트셀러 작가가 될 수 있음을 이야기했습니다. 그래서 책 쓰기를 원하는 사람들을 위해 책 쓰기 기획, 초고 집필 성공을 위한 노하우, 성공적인 출판사 계약, 홍보 전략을 담았습니다.

첫 번째 저서가 '인생 교과서'라고 한다면, 두 번째 저서는 '책 쓰기 교과서'라고 할 수 있겠습니다.

이렇게 책을 쓰니, 독자들이 저를 작가로 인정해줬습니다. 저의 책이 좋아서 다른 사람들에게 추천해주고 싶어 책을 또 구매한다고도 했습니다. 어떤 독자는 "선생님! 작가 맞으세요."라는 말을 하면서 내용이 매우 훌륭하다고 했습니다. 이렇게 인정받을 때, 얼마나 가슴이 뛰는지 모릅니다. 지금은 이렇게 여러분들 앞에 서 있으니, 가슴이 또 뛰고 있습니다. 책 쓰기는 시작부터 가슴이 뛰고, 책을 쓰는 도중에도 뛰며, 책이 출간된 후에도 뜁니다. 그러므로 여러분들은 앞으로 가슴 뛸 일만 남았습니다."

이렇게 상상만 해도 가슴이 뛴다. 이보다 더 가슴 뛰는 일이 어디 있을까! 내 인생의 선장은 나이다. 내 인생의 키를 내가 잡고 있으니, 내가 나를 최고의 사람으로 만들어보겠다. 내 생각대로 내 인생이 펼쳐질 것이다.

"우리 인생은 사고에 의해 만들어진다."

로마제국의 철학자였던 마르쿠스 아우렐레우스의 말이다. 지금 행복하다고 생각하면 행복해질 것이다. 즐겁다고 생각하면 즐거워질 것이다. 인생은 살아볼 만하다고 생각하면 살아볼 힘이 생기게 될 것이다. 이렇게 인생은 순간순간의 사고에 의해 자신이 만들어가는 것이다.

04

책 쓰기로,
최고의 인생 브랜딩이 되다

—

절대로 어제를 후회하지 마라.

인생은 오늘의 나 안에 있고, 내일은 스스로 만드는 것이다.

- L. 론 허바드 -

학교에서 교직원 학력을 조사한 적이 있다. 난 대학만 나온 학사 출신인데, 석사가 여러 명이나 있다는 것을 이때 알았다. 그래서 나도 대학원에 가서 공부를 더 하게 된다면 '어느 분야에서 공부하게 될까?' 하고 생각을 해보았다. 영어영문학과 또는 신학과가 떠올랐다. 그런데 '공부하려면 흰 머리가 많이 생길 텐데.'라는 생각에 이르자, 그렇게까지 공부하고 싶지는 않았다. 왜냐하면, 대학을 졸업하고도 시험 보는 꿈을 너무나 많이 꿨기 때문이다. 시험 기간은 한마디로 고통의 시간이었다.

대학교 3학년 2학기 때로 기억된다. 커피를 마시면 졸리지 않고 시험 공부를 할 수 있다는 말에, 커피를 석 잔이나 마시고 공부하기 시작했다. 책상 앞에 앉아 책을 보고 있는데, 얼마나 머리가 아프던지 졸리지는 않지만, 머리가 멍멍해지기 시작했다. 시간이 지나면 아픈 머리가 좀 나아지겠지 했다. 그런데 나아지기는커녕 시간이 갈수록 점점 괴로울 정도로 머리가 아파왔다. 잠을 좀 자면 괜찮을 듯싶어서 잠을 청했다. 그런데 잠이 오지 않았다. 결국은 잠도 못 자고, 공부도 못 하고 날이 샜다. 시험 볼 시간이 다가왔는데도 몽롱한 상태였다. 시험지를 받아 문제를 읽는데, 문제의 뜻을 제대로 파악하기도 힘들었다. 어떻게 답안지를 작성하고 나왔는지도 모른다. 그 후부터 커피를 멀리하게 되었다.

석사는 일찍이 포기했다. 그런데 석사나 박사 학위보다 더 나은 것을 발견했다. 바로 책 쓰기이다. 노트북 앞에 앉아 책을 써야 하므로, 어깨와 다리 그리고 눈이 좀 아프기는 하지만, 시험공부보다는 훨씬 낫다. 그리고 책을 쓰는 것은 자신의 인성과 전문성을 객관적으로 입증해 보일 수 있는 최고의 스펙을 만드는 것이므로, 즐겁게 쓸 수 있다. 자신만이 겪은 경험과 깨달음, 인생 철학, 신념, 가치관, 전문성 등을 담은 책을 펴내기만 한다면, 자신의 브랜드 가치를 최대로 높일 수 있다. 즉 책 쓰기로 인생 브랜딩이 되는 것이다. 책이 출간되었을 때, 저자의 브랜드 가치가 점점 올라가게 된다.

책을 써서 인생을 브랜딩한 작가들이 있다. 『꿈꾸는 다락방』의 저자 이지성, 『가슴 뛰는 삶』의 저자 강헌구, 『부자 가족으로 가는 미래 설계』의 저자 이영권, 『김미경의 아트스피치』의 저자 김미경, 『광고 천재 이제석』의 저자 이제석 등, 이외에도 무수히 많다. 세계적으로 유명한 작가로는 '해리포터' 시리즈의 저자 조앤 K. 롤링, 『연금술사』의 저자 파울로 코엘료, 『개미』의 저자 베르나르 베르베르 등이다. 이들은 책 쓰기를 통해 인생을 바꾸었고, 그들이 원하는 삶을 살고 있다. 이렇게 책 쓰기는 인생을 브랜딩하는 최고의 수단으로, 자신이 좋아하는 일을 즐겁게 하며 살아갈 수 있다.

이 중에 '해리포터' 시리즈의 저자 조앤 K. 롤링이 어떻게 책을 쓰게 되었고, 어떻게 세계적으로 유명한 작가가 되었는지 짚고 넘어가고 싶다.

조앤 롤링(Joan Rowling)은 1965년 7월 31일, 영국의 브리스톨 인근 소도시 예이츠에서 태어났다. 알고 보니, 나보다 4년이나 늦게 태어났다. 어려서부터 책 읽기를 좋아했던 조앤은 자기가 지어낸 이야기를 친구들에게 종종 들려주곤 했다. 6살 때 동물을 소재로 한 동화를 짓기도 하고, 학창 시절에는 소설가가 되는 꿈을 키웠다고 한다.

엑서터 대학에서 불문학과 고전학을 전공한 조앤 롤링은 졸업 직후인 1987년부터 몇 년간 앰네스티 인터내셔널과 맨체스터 상공회의소에서 일했고, 그 이후에 1991년 11월부터 포르투갈의 포르토에 있는 인카운터 영어 학교에서 교사로 있었다고 한다. 1992년 10월에는 현지의 방송사 기자로 일하던 3세 연하의 조르즈 아란데스와 결혼하고, 1993년 7월에 딸 제시카를 낳았다. 그런데, 결혼생활은 순조롭지 않아 시간이 갈수록 성격과 가치관의 차이로, 그해 11월에 결국은 파경을 맞이하고 별거 상태에 들어갔다고 한다.

조앤 롤링은 2년 만에 딸을 데리고 영국으로 돌아왔다. 얼마 후 조르즈가 영국으로 찾아왔지만, 면담도 거절한 채 이혼 절차를 밟았고, 결국은 28세에 이혼녀가 되어 아이와 단둘이 살게 되었다고 한다. 일자리도 없는 상태에서 정부 보조금에 의존하며 조앤은 살아야 했다고 한다.

이렇게 경제적으로 매우 궁핍할 때, 자신의 딸에게 얘기해주고 자신을 위로하기 위해 조앤 롤링은 소설을 쓰기 시작했다고 한다. 어느 날, 조앤은 이 작품을 출판하자는 생각에 이르렀다. 그래서 원고를 들고 출판사를 찾아가게 되지만, 열두 번이나 거절을 당했다고 한다. 그 후, 열세 번째로 컨택한 중소 출판사 블룸즈버리(Bloomsbury Publishing)와의 계약으로 드디어 출간되었다.

계약금은 처음에 2,500파운드로, 우리 돈으로는 약 440만 원이라고 한다. 당시 경제적 어려움에 처해 있었던 조앤은 큰돈이라고 생각하고 계약했다고 한다. 그런데 출판 이후의 결과는 저자나 출판사나 모두 놀랄 정도였다. 블룸즈버리 측은 처음에 5만 부만 팔아도 많이 팔리는 것으로 예상했다. 그런데 5억 부에 달하는 판매량을 보여서, 중소 출판사였던 블룸즈버리는 이 소설 덕분에 거대한 규모의 회사로 성장하게 됐다. 이 책 좀 팔릴 것 같으니 출판하자고 상사들을 설득했던 담당 기자는 편집장으로 승진되고, 억대 연봉을 받으며 작품 하나 제대로 알아본 대우를 넘치게 받고 있다고 한다. 이렇게 조앤은 극한 상황에서 글을 쓰게 되었고, 출간에 성공하게 되어 영국 여왕으로부터 대영제국 훈장까지 받게 되는 등 인생을 역전시킨 작품을 써냈다. 이후 책은 영화로도 나와 또 대성공을 거두게 된다. 해리포터 시리즈는 지금까지 67개 언어로 번역되어 판매되고 있어, 성경 다음으로 많이 판매된 책이다.

조앤이 이혼하지 않고 경제적으로도 부족함이 없는 결혼생활을 했더라면 이 작품을 썼을까? 조앤이 이혼했더라도 딸을 남편이 키웠다면 이 작품을 써냈을까? 조앤에게 누군가가 일자리를 주어 일하게 했더라면, 이 작품을 과연 써냈을까? 조앤 K. 롤링은 '해리포터' 시리즈를 써낼 수밖에 없는 가장 적합한 환경에 처해 있었기에 가능했다.

나의 첫 개인 저서 『당신의 삶도 이미 베스트셀러이다』에서도 언급했듯이, 시련이 인물을 만들어내고 있다.

영국 최고의 시인 존 밀턴은 시각장애인으로 『실락원』이라는 장편 서사시를 썼다. 영국 작가 존 번연은 종교재판을 받고 감옥에 갇혀 있을 때 『천로역정』이라는 세계적인 작품을 썼다. 미국 작가 오 헨리도 미국 오하

이오주에 있는 감옥에서 『마지막 잎새』라는 유명한 작품을 남기면서 자신에게 잠재된 천재적인 재능을 깨달았다. 찰스 디킨스는 상표를 붙이는 평범한 기능공이었으나, 쓰라린 실연으로 세계적인 작가가 되었다. 베토벤은 귀가 들리지 않는 상태에서 명곡들을 남겼다. 조앤 롤링은 딸이 겨우 백일이 지났을 때 이혼하여 정보 보조금으로 근근이 살아가는, 경제적으로 매우 궁핍한 상태에서 작품을 써 명작을 남겼다.

견디기 어려운 시련을 겪지 않고는 위대한 작품을 탄생시킬 수 없다. 시련이 평소에 잠들어 있던 재능을 깨우고, 위대한 인물을 탄생시킨다.

위 인물들에 비하면 나는 시련을 겪었다고 할 수는 없지만, 고생은 좀 했다. 인생은 고비를 넘기면 또 다른 고비가 있다는 것만은 틀림없다는 것을 살아오면서 깨달았다. 그 고비를 어떻게, 지혜롭게 헤쳐나갈지는 본인 몫이다. 백마 타고 나타나는 왕자가 있어 도움을 준다면 쉽게 해결될 수 있으리라고 생각할지 모르지만, 그런 남자는 나타나지 않는다. 혹시 나타난다고 하더라도 그만한 대가를 치러야 할 것이다.

은퇴를 앞두고 나는 책을 쓰기 시작했다. 꿈꾸는 것처럼 원고를 보내자마자 출판사에서 전화가 걸려왔고 곧 계약이 성사되었다. 그리고 표지도 마음에 쏙 드는 책이 출간되었다. 나의 첫 개인 저서 『당신의 삶도 이미 베스트셀러이다』를 읽은 분들이 이렇게 말했다.

"선생님! 작가 맞으세요. 감동입니다."

"그동안 그렇게 고생을 많이 했어요? 어떻게 그런 고생을 했어요? 보통 분이 아닙니다."

"저는 선생님을 좋은 분이라고만 생각했는데, 훌륭한 작품을 남기다니 대단합니다. 선생님! 삶을 긍정적으로 보게 하고, 삶에 최선을 다할 수 있도록 이끌어주는 책입니다."

그동안 땀과 눈물로 구슬을 만들어왔음을 독자를 통해 알게 되었다. 그리고 그 구슬을 꿰는 실이 바로 책 쓰기라는 것도 알게 되었다. "구슬이 서 말이라도 꿰어야 보배다."라는 말의 뜻을 책 쓰기를 통해 제대로 깨닫게 되었다. 난 지금 구슬을 꿰어 보배를 만드는 중이다. 이렇게 코로나 시대, 책 쓰기를 통해 최고의 인생 브랜딩이 되고 있다.

"자신을 내보여라. 그러면 재능이 드러날 것이다."

발타사르 그라시안의 말이다. 자신을 내보이는 방법이 여러 가지가 있지만, 난 작가로서 책 쓰기를 추천한다. 지금까지 발견하지 못한 잠자던 재능을 발견하고, 자신도 깜짝 놀라게 될 것이다.

05

코로나 시대,
최고의 유산을 남기다

–

좋은 책을 읽는 것은 과거의 가장 뛰어난 사람들과

대화를 나누는 것과 같다.

– 르네 데카르트 –

엄마의 잔소리를 지금도 듣고 있는가! 난 친정집에 가면 어른이 된 지금도 듣곤 한다. 어른이든 어린이든 엄마의 잔소리를 듣기 좋아하는 사람은 없으리라.

"너 그 옷 색깔이 왜 그러냐? 산뜻한 것 좀 사 입지."

"바지가 좀 불편해 보인다. 넉넉한 것 좀 입어라."

"치마가 왜 그렇게 짧으냐? 길게 입어라."

이런 말씀을 들을 때마다, 나도 우리 아이들에게 잔소리한 것들이 생각났다.

"치마 길이가 좀 짧다. 좀 길게 입는 것이 편하지 않을까?"
"구두 굽이 높다. 좀 낮은 것 신어. 그래야 걷기도 편해."
"구두 굽이 좀 있는 것 신어라. 좀 더 키 커 보이게."
"측면 머리가 너무 짧다. 조금만 더 길게 했으면 좋겠다."
"머리 염색했구나! 지금 색상보다 좀 진했으면 좋겠어."

나도 어머니와 똑같은 잔소리를 했었다. 나뿐만이 아니라, 모든 어머니가 그럴 것이다. 오죽하면 '엄마 잔소리송'까지 나오겠는가! 다음은 가사 일부이다.

The Mom Song (엄마의 잔소리 송)

Get up now, Get up now, Get up out of bed.
(지금 일어나, 지금 일어나란 말야, 침대에서 나와.)
            (중간 생략)
Are you hot, are you cold, are you wearing that?
(덥니? 춥니? 그걸 입고 갈 거니?)

Where's your books and your lunch and your homework at?

(책은 어딨어? 도시락은? 숙제는 어딨어?)

Grab your coat and your gloves and your scarf and hat.

(잠바 챙기고 장갑 챙기고 목도리와 모자도 챙겨.)

Don't forget, you've gatta feed the cat.

(잊지 마라. 너 고양이 밥 줘야 한다.)

Eat your breakfast, the experts tell us that it's the most important meal of all.

(아침 먹어, 전문가들이 하루 중에 제일 중요한 식사가 아침이랬잖아.)

(이하 생략)

노래 가사를 보니, 내가 그동안 우리 아이들에게 잔소리한 것들이 모두 있다. "아침 먹어, 전문가들이 하루 중에 제일 중요한 식사가 아침이랬잖아." 이 말까지 내가 했었다. 그 상황에 꼭 해야 하는 말인데, 자녀들에게는 듣기 싫은 잔소리인 줄은 몰랐었다.

이 땅에서 엄마의 잔소리를 완전히 없앨 수는 없다. 하지만 줄이는 방법은 있다. 바로 책 쓰기이다. 삶의 철학과 경험, 아이들에게 하고 싶은 말들을 책으로 쓰는 것이다. 자녀들이 분명히 감동할 것이다. 책을 펴낸 그 자체로도 감동하겠지만, 책을 읽으면서 더욱 감동할 것이다. 잔소리들이 글로 변신했을 때 살아 움직이는 명언이 될 것이다.

책 쓰기를 강조하는 CEO로 유명한 유상옥 코리아나화장품 회장은 이 세상을 떠날 때, 사진 대신 책을 남기라고 했다.

"세상을 떠날 때 사진을 남기고 가면 자식들에게 부담이 됩니다. 아들과 딸이 아닌 며느리와 사위 처지에서는 또 다르죠. 사진을 보존해야 한다느니, 버려야 한다느니 하면서 싸울 것이 눈에 선하기에 죽을 때는 사진 한 장만 남기고 미리 정리하면 좋을 것 같아요. 대신에 책을 쓰면 그 책은 집안의 가보로 전해질 수 있습니다. 손자들에게도 할아버지가 쓴 책이라고 말하면 아이들이 자부심을 가질 수 있지 않겠어요? 꼭 책을 쓰세요."

자녀들에게 그리고 후손들에게 자신의 경험과 인생 철학, 그리고 지식과 지혜를 전해주기에는 책이 최고이다. 책 속에는 그 사람의 삶의 철학과 열정이 그대로 녹아 있어 독자에게 그대로 전달되기 때문이다. 자녀들에게 평생 하고 싶었던 말이 그대로 담겨 있어 말로 하는 잔소리보다 훨씬 다이내믹한 힘을 발휘하기 때문이다. 이렇게 책 쓰기는 생산적이고 가치 있는 일이요, 최고의 유산을 남기는 고귀한 작업이다.

자녀에게 하고 싶은 유언도 책 속에 차근차근 담으면 된다. 죽음이 임박해서 말하려면, 하고 싶은 말들이 많아서 무엇부터 말해야 할지 입안에서 우왕좌왕하고 말 것이다. 한마디라도 전달하면 다행인데, 그럴 시간이 없을 수도 있다.

누가 당신에게 "죽기 전에 자녀에게 딱 한 마디만 남기라."라고 한다면, 무슨 말을 남기겠는가? 나에게 묻는다면 난 "예수님 재림을 꼭 믿어라."라고 말하겠다. 이 말 속에는 엄마로서 하고 싶은 모든 말이 포함되어 있기 때문이다. "정직하게 살아라.", "욕심을 버려라", "이웃과 더불어 살아라" 등 아무리 좋은 말을 계속 나열한다 해도 "예수님 재림을 믿어라."라는 말보다는 부족하기 때문이다. 예수님 재림을 진실로 믿는 사람은 정직하고 욕심을 부리지 않기 때문이다. 그리고 이웃과 더불어 살아가는 사람이기 때문이다. 그러면 예수님은 정말로 재림하시는가? 요한복음 14장 2절, 3절을 읽어보면 분명히 오신다는 확신이 든다.

"내가 너희를 위하여 거처를 예비하러 가노니, 가서 너희를 위하여 거처를 예비하면, 내가 다시 와서 너희를 내게로 영접하여 나 있는 곳에 너희도 있게 하리라."

그러면 우리가 어떻게 해야 재림 준비를 잘할 수 있을까? 마태복음 24장에서 그 방법 세 가지를 잘 알려주고 있다.

첫째, "예수께서 대답하여 이르시되, 너희가 사람의 미혹을 받지 않도록 주의하라."(마 24:4)

둘째, "그러므로 깨어 있으라, 어느 날에 너희 주가 임할는지 너희가 알지 못함이니라."(마 24:42)

셋째, "이러므로 너희도 준비하고 있으라, 생각하지 않은 때에 인자가 오리라."(마 24:44)

사람의 미혹을 받지 않도록 주의하고, 깨어 있어야 하며, 준비하고 있어야 한다. 그런데 우리는 예수님 재림이 언제인지 몰라 늦어진다고 생각하고 있다. 그러나, 다음 성경 구절을 보면 예수님의 약속이 더딘 것이 아님을 깨닫게 될 것이다.

"사랑하는 자들아, 주께는 하루가 천년 같고, 천년이 하루 같은 이 한 가지를 잊지 말라. 주의 약속은 어떤 이의 더디다고 생각하는 것같이 더딘 것이 아니라, 오직 너희를 대하여 오래 참으사 아무도 멸망치 않고 다 회개하기에 이르기를 원하시느니라."(벧후 3:8~9)

그렇다. 우리가 조급해할 뿐이다. 예수님은 우리가 생각하는 것처럼 더딘 것이 아니라, 하나님의 시간표에 의해 정해진 시간에 정확히 오신다.

"잠시 잠깐 후면 오실 이가 오시리니, 지체하지 아니하시리라."(히 10:37)

우리 아이들이 위 성경 구절을 가슴에 새기고 살았으면 좋겠다. 언제 오실지 모르는 재림을 늘 깨어 있으며 준비했으면 좋겠다. 나의 첫 개인 저서 『당신의 삶도 이미 베스트셀러이다』를 써서 나의 유산을 남겼다. 이제 두 번째 저서 『당신도 이미 베스트셀러 작가이다』를 쓰고 있으니, 두 번째 유산을 남기는 중이다.

"읽지 않는 이야기는 이야기가 아니라 종이 위에 검게 찍힌 작은 표시들에 불과하다. 하지만 그것을 독자가 읽음으로써 살아 생동하는 이야기가 된다."

어슐러 K. 르귄의 말이다. 내 저서가 우리 아이들에게 뿐만 아니라, 많은 독자의 가슴에서 살아 생동하는 이야기가 되기를 간절히 바란다.

06

코로나 시대, 책 쓰기가 최고의 무기다

—

꿈을 계속 간직하고 있으면 반드시 실현할 때가 온다.

— 요한 볼프강 폰 괴테 —

왜 책을 쓰기 시작했을까? 퇴직 이후의 삶을 상상해보니, 내가 원하는 삶이 아니었다. 내 인생의 키를 내가 잡고 있는데, 주인공이 아닌 주변 인물로 살아가면서 삶의 무게에 짓눌려 있었다. 정신이 번쩍 들어, '인생 제2막을 위한 준비'를 해야겠다고 생각했다. 퇴직 이후에는 좀 가슴 뛰는 삶을 살고 싶어 했다. 간절히 원하면 꿈이 이루어진다는 말이 참말이었다. 가슴 뛰는 일을 꿈꾸듯이 만났다. 바로 책 쓰기이다. 코로나 시대에 책 쓰기가 최고의 무기가 될 줄은 첫 책을 쓸 때만 해도 몰랐다.

그동안 교직 생활을 되돌아보니, 사표를 내고 싶을 정도의 인생 고비가 몇 번이나 있었다. 그중에 가장 힘들었던 때가 경북으로 발령 났을 때이다. 어린아이들을 떼어놓고 멀리 가서 근무해야 한다는 생각에, 앞이 캄캄했었다. 그런데 내게 모험심이 발동했다. 내 삶의 큰 도전을 위해, 과감하게 임지로 출발했다.

"인생은 과감한 모험이든가, 아니면 아무것도 아니다."

헬렌 켈러의 말이다. 난 큰 트럭에 이삿짐을 싣고 출발했다. 창밖의 풍경은 버스를 타고 수학여행 갈 때의 풍경과 흡사했다. 산이며, 들이며, 집들이 모두 자기 자리를 지키고 있었다. 그런데 나만 자리를 지키지 못하고 이동하는 느낌이었다. 산을 넘고 물을 건너 드디어 임지에 도착했다.

예상은 했었지만, 하루를 보내기 힘들었다. 일일여삼추(一日如三秋)라는 말이 괜히 생긴 말이 아니었다. 그런데, 하루 그리고 또 하루 견뎌냈고, 한 달 또 한 달을 견뎌냈다. 그리고 1년 또 1년, 그리고 또 1년을 견뎌냈다. 그리고 아이들이 있는 고향으로 돌아왔다. 지금 생각해보니, 나도 군대 생활 3년을 한 것이다. 고향으로 돌아오니, 내가 전쟁터에 나가 우리 편을 승리로 이끈 개선장군 같았다. 아이들과 같이 있으니, 이제는 1년이 하루 같이 지나갔다. 삼추여일일(三秋如一日)이었다.

3년 동안 잘 극복해냈기에 오늘의 내가 있다.

그러면 하루도 견디기 힘들었는데, 어떻게 3년을 견디어냈을까? 힘들 때마다 나는 기도했다. 기도가 오로지 나를 위로했고, 살아갈 힘을 주었다. 어떨 때는 너무 힘들어 기도도 나오지 않았다. 그러면 성경을 읽었다. 이때 내 신앙심이 점점 깊어졌다. 아침에 눈 뜨면 자동으로 무릎이 꿇어졌으니까.

이렇게 내 삶의 굽이굽이를 잘 이겨내어 이제 곧 은퇴를 앞두고 있다. 지난날을 되돌아보면 감사한 일들이 매우 많다. 경북에서부터 천안 그리고 광천으로 왔다갔다 할 때, 곳곳에 얼마나 많은 위험이 도사리고 있었겠는가! 열차로 경산역에 내리면 밤 10시 즈음 된다. 열차에서 쏟아져 나온 승객들이 택시를 타기 위해 줄을 섰다. 아니, 줄을 섰다가도 줄이 흩어졌다. 그만큼 택시 잡기가 힘들었다. 어떨 때는 택시를 기다리다가 너무 추워 차라리 걷는 것이 나을 것 같아, 도보로 20분 거리를 걸어 자췻집에 들어간 적도 있다. 지금 생각해보면 아찔하다. 그 깜깜한 밤에 혼자 걸어 집에 간 적도 있었으니까. 지금까지 건강한 모습으로 살아 있음에 감사하다. 그리고 앞으로의 삶에도 미리 감사한다.

이렇게 교직 생활을 보내고 곧 은퇴를 앞두고 있는데, 퇴직 이후의 삶에 대해 고민되었다. 그냥 늙는 것이 싫었다. 가슴 뛰는 일을 하며 살고 싶었다. 제2의 인생을 살고 싶었다. 그래서 간절히 기도했다. 그런데 꿈

결 같게도 책을 읽고 메신저 산업의 세계에 내가 초대받은 것이다. 그래서 책을 쓰기 시작했고, 이제 작가가 되었다. 교직 생활에서 은퇴할 즈음 작가라는 배턴이 나를 기다리고 있었다.

책을 쓰면서 내 인생을 돌아보았다. 출생과 성장, 학창 시절 가난과의 싸움, 중등 국어 교사로서 교직 생활에서 어려웠던 점과 보람, 동시인 등단, 여러 시련을 겪으면서 고통은 있어도 절망은 없다는 것, 인생은 퍼즐과도 같으며 하나님의 계획 안에 있다는 것, 산다는 것은 그 자체가 축복이며 훌륭한 인생 교과서를 만들어가는 과정임을 깨달았다. 책을 써보니, 삶의 모든 순간과 모든 경험이 이미 베스트셀러의 글감들이라는 것을 깨달았다. 지식, 경험, 깨달음, 삶의 노하우, 신앙생활, 삶의 철학 등 누구나 베스트셀러의 삶을 살고 있다는 것도 깨닫게 되었다. 사람마다 각양각색의 스토리가 있기 때문이다.

작가가 되고 보니, 또 다른 길이 열리고 있다. 책 쓰기 코칭이다. 책 쓰기 코칭을 같이 하자는 제안을 받았기 때문이다. 길은 길로 통하고 있었다. 그러므로 중간에 길이 안 보인다고 해서 낙심할 필요가 없다. 길이 끊어진 듯 보이지만 끝은 가봐야 알 수 있다. 끝자락까지 가보면, 또 다른 길이 이어져 있음을 알 수 있다. 눈 크게 뜨고 길 끝자락까지 가보자.

만남

길이 끝나는 곳에 들이 있다.
들녘 끄트머리엔 또 다른 길이 있다.

만남이 익어갈 즈음 헤어짐이 있다.
헤어짐 뒤엔 또 다른 만남이 기다리고 있다.

때로는 꿈결처럼
때로는 아침 해처럼
닫힌 세상을 눈부시게 열어준다.

오늘도 산들바람은 불어오고
만남은 철을 따라 피어난다.

만남은 헤어짐을 불러오고
헤어짐은 더 깊은 만남을 부른다.

길이 없다고 해서 주저앉을 필요가 없다. 길이 없으면 만들면 된다. 길은 나아가면서 만들어지는 것이다.

나의 첫 개인 저서 『당신의 삶도 이미 베스트셀러이다』가 서점에서 판매되고 있다. 하루는 모르는 사람으로부터 이메일을 받았다. 내 책을 구매해 읽었는데, 책을 읽고 힘이 났다고 했다. 아주 절망적인 상황에 놓였는데, 일어설 힘이 생겼다는 것이다. 내 저서가 희망의 불씨가 되었다는 것이다. 저자로서 얼마나 기뻤던지, 이메일을 받고 나서 책 쓴 보람을 또 느꼈다. 책 뒤표지에 이런 내용이 있다.

"누군가 나의 경험, 나의 깨달음을 통해서 가슴앓이를 멈추고 삶의 활력소를 찾는다면, 이 얼마나 기쁜 일이겠는가! 누군가 나로 인해 책을 쓰고 제2의 인생을 살아간다면, 이보다 더 가슴 뛰는 일이 어디 있겠는가! 누군가 죽음과 마주하던 순간, 나의 메시지 한 줄을 통해 삶에 다시 눈을 뜨게 된다면, 이보다 더 가슴 벅찬 일이 어디 있겠는가!"

더할 나위 없이 기쁘다. 책이 이렇게 나의 최고의 무기로 활동하고 있다는 것을 몸소 체험하고 나니, 앞으로도 계속 기대가 된다. 이제 앞으로의 나의 삶은 작가로서 책을 쓰면서 책 쓰기 코칭을 하는 것이다. 내 책을 읽고 벌써 책 쓰기 코칭을 받겠다고 여러 명의 연락을 받았다. 이렇게 책 쓰기는 꿈을 이루게 하고, 꿈 너머 꿈도 꾸게 한다. 앞으로 나의 삶이 책 쓰기 코칭만으로 끝나지 않을 것이다. 또 다른 길이 이어질 것이다. 길은 길로 이어져 있으니까! 다만 세월이 너무 빠른 것이 아쉬울 뿐이다.

07

코로나 블루,
책 쓰기로 극복하다

–

위대한 사람들은 이상(idea)을 이야기하고,

평범한 사람들은 일상을 이야기하며,

속 좁은 사람은 사람을 이야기합니다.

– 엘리노어 루스벨트 –

코로나19 사태가 장기화하면서 사람들의 우울증도 심각해지는 상황이다. 심지어 '코로나 블루'라는 말까지 생겨났다. 코로나 블루(corona blue)란 '코로나19'와 '우울감(blue)'이 합쳐진 신조어로, 코로나19가 확산하면서 사망자와 환자가 늘어나고 일상에도 큰 변화가 일어나 우울감이나 불안감, 무기력증 등의 증상이 나타난 것을 말한다.

경기도 여론 조사에 의하면, 도민 1,000명 가운데 59%가 일상생활에

당신도 이미 베스트셀러 작가이다

서 답답함과 무기력, 불안과 초조, 분노 등의 우울감을 느낀 적이 있다고 답했다. 우울감을 느낀 연령층은 노년층이 가장 많은 75%에 달했고, 성별로는 여성이 71%나 차지했다고 한다. 외출 자제로 인한 갑갑함(22%), 감염에 관한 막연한 불안(20%), 소득 감소에 따른 스트레스(19%) 등을 우울감을 느끼게 한 요인으로 꼽았다.

코로나19 환자가 처음 발생한 이후, 국민은 이렇게 계속 불안 속에서 살아가고 있다. 한때는 마스크 대란이 있었고, 대구와 비(非)대구 간 지역감정도 있었다. 중국발 입국 금지를 두고도 설왕설래했다. 개학이 4월로 늦춰졌고, 수능시험 또한, 늦춰 12월에 치렀으며, 입학식, 졸업식이 비대면으로 진행되었다. 해외여행이 대폭 줄어들면서 여행산업, 항공산업이 무너졌다. 수업이 온라인으로 이루어졌고, 상위권과 하위권의 학습 격차가 더욱 벌어졌다. 과거의 명절에는 가족과 친지들이 모여 덕담을 나누면서 명절 음식을 나누어 먹었는데, 그런 모습은 보기 힘들어졌다. 귀성 대신 선물이라는 트렌드가 나타나면서, 감사의 마음을 고가의 선물에 담기도 했다. 코로나로 인해 김영란법도 한시적으로 완화됐었다.

이렇게 코로나19가 우리 사회 전반에 미친 영향은 참으로 크다. 그 결과, 국민 대부분은 경증 또는 중증의 우울증에 시달리고 있어 현재 심각한 상황이다.

이런 심각한 우울증으로 인해 모 어린이집에서 심각한 아동학대가 일어난 것인가! 코로나 블루로 인해 가정에서도 아동학대가 끊임없이 일어나고 있는 것인가! 2020년도 전반기에 아동학대 신고 건수가 지난해 대비 33.7%가 늘어났다는 보도가 있었다. 신고 건수가 늘어나면, 당연히 아동학대 검거율도 늘어나게 마련이다. 이런 모습이 이 시대의 아픔으로 영원히 남게 되었다.

그러면 치료제와 백신 개발로 코로나19가 종식된다면, 이전 상태의 일상생활로 돌아갈 수 있을까? 조사에 의하면 코로나가 끝나도 교회 예배를 대면 예배에 참석하지 않고 비대면을 유지하겠다는 개신교인이 30~40%나 된다고 밝혔다. 그리고 앞으로 어떤 전염병이 또 전파될지 모르는 불안 속에서, 마스크를 계속 착용하고 다니겠다는 사람들도 많다.

국내외 미래학자와 경영학자들이 최근 쏟아내는 제조업에 대한 전망에는 공통점이 있다. 인공지능(AI)과 빅데이터, 로봇이 큰 역할을 할 것이란 점이다. 삼성전자, 애플 등 주요 글로벌 기업들은 코로나19 확산의 영향으로 잦은 생산 차질을 겪었다. 대안으로 떠오른 것이 스마트공장이다. 스마트공장은 제품 생산 과정을 정보통신기술(ICT)로 통합해 기업의 생산성, 품질 등을 향상시키는 첨단 지능형 공장을 말한다. 궁극적으로

'무인화 공장'이 스마트공장의 최종 단계로 꼽혀, 앞으로는 무인화 공장이 대세를 이루게 될 것이다. 앞으로 유통업계가 더욱 발전할 것이고 무인 점포가 점점 더 많아질 것이다.

코로나가 많은 것들을 바꾸어놓고 있다. B.C.와 A.C.를 얘기할 정도이다. 즉 코로나 이전인 B.C.(before corona)와 코로나 이후인 A.C.(after corona)가 많은 변화를 가져다줄 것이기 때문이다.

아직도 우리는 코로나 시대에 살고 있고, 코로나 블루로 인해 집 안팎에서 크고 작은 사건들이 계속 일어나고 있다.

이 코로나 블루를 어떻게 극복해야 할까? 여러 가지 방법이 있겠지만, 나는 작가로서 최고의 대안으로 책 쓰기를 추천한다. 집에서 노트북을 앞에 두고 책을 쓰다 보면 시간 가는 줄 모른다. 여행하지 않아도 우울하지 않다. 맛있는 음식을 먹기 위해 외출하지 않아도 우울감에 빠지지 않는다. 백화점에 가서 쇼핑하지 않아도 책 쓰기로 일상이 즐겁다.

책을 쓰는 일은 여러 가지 유익을 가져다주기도 한다. 책을 쓰기 위해, 매일 독서를 하는 삶으로 이어진다. 그 어느 물질적인 유산보다 가치 있는 최고의 유산을 남기게 된다. 책 쓰기는 최고의 자기계발이며, 최고의 퍼스널 브랜딩 도구이다. 책 쓰기로 당당하게 사는 법을 배우게 되고, 인생이 무엇인지도 깨닫게 된다. 책 쓰기는 최고의 힐링 프로그램이다. 마음의 상처가 치유되고, 약한 마음이 강해지며, 자신의 삶을 점검하게 된다. 그리고 삶의 기쁨도 찾게 해준다. 책 쓰기는 그 어느 일을 하는 것보다 훨씬 더 자아실현을 가능하게 해주는 위대한 도구이다.

이렇게 책 쓰기는 일거양득(一擧兩得)이 아니라, 일거다득(一擧多得)이 되는 고귀한 작업으로, 코로나 블루를 극복해낼 수 있게 도와준다.

이 시대는 남들과 전혀 다르게 살아온 당신만의 독특한 스토리를 원한다. 즉 자신과 전혀 다르게 살아온 사람들의 독특한 삶의 스토리에 관심이 있다. 당신의 독특한 감성이 담긴 스토리를 이 세상에서 가장 잘 쓸 수 있는 사람은 누구인가? 오직 당신 자신이다. 그 누구도 당신의 독특한 감성을 끌어내 써줄 수는 없다. 베스트셀러가 된 『리딩으로 리드하라』를 쓴 이지성 작가도 당신의 스토리를 당신보다 더 잘 쓸 수는 없다. 최고의 삶을 살아가고 있는 당신의 스토리를 세상에 들려줄 사람은 바로 당신뿐이다. 세상에 유일무이한 당신의 인생 스토리를 쓰지 않는다면, 당신의 스토리는 이 세상에서 빛을 보지 못하고 그냥 사장되고 말 것이다.

호사유피(虎死留皮) 인사유명(人死留名)이라는 말이 있다. 호랑이는 죽으면 자연스레 가죽을 남기지만, 사람은 죽어서 자연스레 이름을 남기지 못한다. 이름을 남기는 방법이 여러 가지 있겠지만, 책을 써서 이름을 남기라고 권한다.

토머스 제퍼슨은 이런 말을 남겼다.

"아무 하는 일 없이 시간을 허비하지 않겠다고 맹세하라. 우리가 항상 뭔가를 한다면 놀라우리만치 많은 일을 해낼 수 있다."

무슨 일에 도전해야 할지 지금 망설이고 있다면, 책 쓰기에 도전했으면 한다. 자기계발을 위해 백 권의 책을 읽는 것보다 한 권의 책을 쓰는 것이 훨씬 낫기 때문이다. 그 어떤 자기계발보다 가치 있으며, 출판 후의 기쁨과 행복은 상상을 초월할 정도로 크기 때문이다. 저서 발간에 대한 축하 인사를 두 달이 다 되어가는데도 아직도 받고 있다. 책 쓰기는 자기계발 중에 최고의 자기계발이다. 무엇보다 책을 쓰면서 가슴이 뛰는 경험을 하게 될 것이다.

코로나 블루 시대, 자신의 삶을 돌아보는 계기가 되었을 것이다. 지금이라도 자신의 인생에 대해 리셋할 필요가 있다. 리셋(reset)이란 시스템 일부가 과열 현상을 일으키거나 노이즈(noise) 등에 의해 동작이 이상하게 되었을 때, 리셋 버튼을 누름으로써 정상적인 상태로 되돌려놓을 수 있다는 뜻이다.

코로나19가 장기화하면서 마지막 시대의 징조라고 믿는 사람들이 참으로 많아졌다. 중국은 코로나, 지진, 대홍수, 메뚜기 떼 재앙까지 겹쳤다. 메뚜기 떼 피해 면적이 2,700만 평에 이른다고 한다. 누가복음 21장 11절과 마태복음 24장 33절에는 이런 말씀들이 있다.

"처처에 큰 지진과 기근과 온역(전염병)이 있겠고, 또 무서운 일과 하늘로서 큰 징조들이 있으리라."

"이와 같이 너희도 이 모든 일을 보거든 인자가 가까이 곧 문앞에 이른 줄 알라."

예수님이 곧 재림하신다고 해도 책을 쓰는 일을 권하겠다. 스피노자가 "내일 지구의 종말이 올지라도 나는 오늘 한 그루의 사과나무를 심겠다." 라고 말한 것처럼, 나 또한 말하겠다.

"예수님이 곧 재림하신다고 해도 나는 한 권의 책을 남기겠다."

책 한 권 쓰면서 자신의 인생을 돌아보고, 장차 예수님 앞에 서게 될 자신의 모습을 점검하게 될 테니 말이다.

2장

SNS 시대,
1인 1책 쓰기
시대다

당신은 은퇴 롤모델이 있는가!

–

꿈꿀 수 있다면 실현도 가능하다.

– 월트 디즈니 –

5년 전에 조카가 태어났다. 둘째도 아들이다. 훤칠한 이마에 눈도, 코도, 입도, 흠잡을 데 없이 잘생겼다. 점점 자라면서 말도 잘하고, 노래도 잘했다. 그림도 잘 그렸다. 그런데 가만히 살펴보니, 형을 무척 부러워했다. 형이 책을 늘 읽는데, 자신은 글을 알 수 없으니, 속이 타는 모양이다. 책을 가져와 늘 읽어달라고 했다. 형이 피아노를 잘 치니, 형 옆에 앉아 피아노 건반을 두들겨 본다. 물론 형으로서는 방해만 될 뿐이다. 혼자 앉아 피아노를 치기도 했다. 본인은 형처럼 아름다운 화음을 내보겠다고 피아노를 치지만, 화음을 내지 못해 짜증을 내기도 했다. 형이 레고로 만들기를 잘하니, 형 따라 비행기, 배 등을 만들어냈다.

어느 날, 고모인 내가 물었다.

"눈, 코, 입 모두 잘생겼는데, 누구 닮았어?"

"형아!"

"말도 잘하고 똑똑한데, 누구 닮았어?"

"형아!"

"노래도 잘하는데, 누구 닮았어?"

"형아!"

아빠가 성악가로 노래를 잘하니, 마지막 질문에는 '아빠'라고 대답할 줄 알았다. 그런데 누구를 닮았냐고 물어볼 때마다, '형아'라고 대답했다.

그 후, 정말로 신기한 일이 벌어졌다. 점점 형을 닮아가고 있었다. 웃을 때 표정을 보니, 틀림없는 형아 모습이었다. 어떤 일에 만족스러워하지 않을 때, 툴툴거리는 몸동작도 꼭 형아였다. 엊그제는 피아노 앞에 앉아 젓가락 행진곡을 제법 잘 치고 있었다. 나는 형이 치는 줄 알았다. 형과 장기를 두고 바둑도 두는데, 반짝이는 눈이 꼭 형아였다. 더욱 깜짝 놀랄 일은 어느새, 얼굴도 형아를 똑 닮아 있었다. 아기였을 때는 형과 전혀 다른 얼굴이었다. 형도 잘생겼지만, 형과 다르게 잘생겼었다. 그런데 어쩜 이렇게 똑같은 얼굴로 닮게 됐을까! 5년 동안 롤모델이 형이었으리라. 눈만 뜨면 형을 닮고 싶어 했으리라.

"오랫동안 꿈을 그리는 사람은 마침내 그 꿈을 닮아간다."

앙드레 말로의 말이다. 오랫동안 꿈을 그리는 사람은 닮을 수밖에 없다. 눈만 뜨면 닮고 싶어 하는데, 닮지 않고 배기겠는가!

오래전에, 중학교 국어 교과서에 너대니얼 호손의 『큰 바위 얼굴』이 실려 있었다. 이 소설은 어른이 된 지금 읽어도 큰 감동을 준다.

어머니와 어린 소년 어니스트는 오막살이집 문 앞에 앉아서 큰 바위 얼굴을 쳐다보며 이야기했다.

"저 큰 바위 얼굴이 말할 수 있었으면 좋겠어요. 저렇게 친절해 보이니까, 목소리도 매우 듣기 좋겠지요? 만약에 내가 저런 얼굴을 가진 사람을 만난다면, 나는 정말 그를 끔찍이 좋아할 거예요."

"만약에 옛날 사람들의 예언(豫言)이 실현된다면, 우리는 언제고 저와 똑같은 얼굴을 가진 사람을 볼 수 있을 거다."

"어떤 예언인데요? 어머니, 어서 이야기 좀 해주세요."

"장차 일어날 일에 관한 이야기야. 매우 오래전부터 전해 내려오는 이야기로, 옛날에 이 골짜기에 살고 있던 아메리칸 인디언들도 그들의 조상들에게서 들어왔다고 해. 그 이야기는 최초에, 산골짜기를 흐르는 시내가 조잘거리고, 나무 끝을 스치는 바람이 속삭여주었다는 거야. 장차 이 근처에 한 아이가 태어날 것인데, 그 아이는 고아(高雅)한 인물이 될 운명을 타고날 것이며, 그 아이는 어른이 되어 감에 따라 얼굴이 점점 큰 바위 얼굴을 닮아간다는 거야. 예언이 말하는 위대한 인물은 아직 나타나지 않았어.”

어니스트는 어머니께서 해주신 이야기를 언제나 잊지 않았다. 그는 큰 바위 얼굴을 쳐다볼 때마다, 들은 이야기가 떠올랐다. 그는 오막살이집에서 늘 어머니 말씀에 순종(順從)했고, 어머니께서 하시는 모든 일을 조그마한 손으로 도와드렸다. 어니스트에게는 선생님이 따로 없었지만, 유명한 학교에서 교육을 받은 소년들보다 얼굴에 더 총명한 빛이 떠올랐다. 어니스트에게 선생님이 있다면, 바로 큰 바위 얼굴이었다. 어니스트는 하루 일을 마치면, 몇 시간이고 그 바위를 쳐다보는 것이었다.

세월이 꼬리를 이어 덧없이 지나가고, 예언이 말하는 위대한 인물들이 마을을 떠들썩하게 만들면서 나타났다가 사라졌다. 대단한 거상(巨商)인 개더골드가 나타났고, 전쟁터에서의 영웅 올드 블러드 앤드 선더가 나타났다. 정치가 올드 스토니 피즈가 나타났고, 이어 시인이 나타났다. 하지만, 예언이 말하는 그런 위대한 인물들은 아니었다.

어느새, 어니스트도 중년이 되고 전도사가 되었다. 그의 머리에도 서리가 내렸다. 그러나 헛되이 나이만 먹은 것은 아니었다. 머리 위의 백발보다 더 많은, 현명한 생각이 머릿속에 깃들여 있었고, 이마와 뺨의 주름살에는 인생의 행로에서 시련을 겪은 슬기가 간직되어 있었다. 맑으며, 높고, 순박한 사상은 소리 없이 그의 덕행으로 나타났다. 그의 이름은 그가 사는 산골을 넘어 세상에 널리 알려지게 되었다.

예언이 말하는 위대한 인물은 바로 어니스트였다. 어니스트에게 롤모델은 큰 바위 얼굴이었던 것이었다.

당신은 은퇴 롤모델이 있는가? 나는 은퇴할 무렵, 내 인생 롤모델을 찾았다. 올해 102세인 김형석 연세대 명예교수이다.

'어떤 삶을 살아야 건강하고 행복할까?'에 대해 김형석 교수는 소유가 인생의 목적이 아니라고 했다. 또한, 행복하기 위해 사는 것이 아니라, 살아가다 보면 행복하게 된다고 했다. 100세를 살아보니, 사람의 정신력은 늙는 게 아니고 몸이 늙는 거니, 끝없는 자기 관리와 정진을 통해 성장하는 인생을 살아야 한다고 했다. 그리고 성장하는 인생을 살려면, '내가 나를 키워야 한다.'라고 했다. '나를 키우는 사람과 그렇지 않은 사람은 완전히 다르다.'라는 것이다.

'나'를 성장시키는 방법에는 세 가지가 있는데, 무언가를 끊임없이 배워야 하고 꾸준히 일해야 하며 독서를 하는 것으로, 이렇게 해야 노년까지 건강하게 성장할 수 있다는 것이다. 30세까지는 삶을 즐기는 삶이고, 60세까지는 일하는 삶이며, 은퇴하는 나이 60세부터 75세까지는 사회에 환원하는 삶이어야 한다고 강조했다. 이 사회에 환원하는 기간이 인생의 황금기로, 인생은 60세부터 시작이라고도 했다. 돈을 위해서 일할 때는 성공도 없고 행복도 없었는데, 일을 사랑하게 되니, 행복과 성공이 뒤따라 왔다고 했다. 세상의 모든 일은 자신을 위해서 하는 것이 아니고, 다른 사람의 행복을 위해서 하는 것이라고 하며, 그렇게 사는 것이 바로 '하나님의 나라'라고 했다. 김형석 교수님은 올해 내 인생 최고의 롤모델이다.

내 인생도 황금기에 접어들었다. 인생 2막 문이 열린 것이다. 내 조카처럼, 어니스트처럼. 나도 날마다 조금씩 롤모델을 닮아가리라. 작년에 공동저서 한 권, 개인 저서 한 권을 출간했다. 올해 두 권째 개인 저서 집필 중이다. 그런데! 세월이 어찌나 빠른지, 1분마다 아침을 맞이하는 느낌이다. 눈 감으면 아침이고, 눈 뜨면 저녁이다. 아버지의 할아버지, 즉 나의 증조할아버지께서 "세월이 왜 이렇게 빠르다냐?"라고 하시면서 통곡했다고 한다. 나도 예수님의 재림을 믿지 않았다면, 증조할아버지처럼 목놓아 통곡했을 것이다.

지금은 겨울방학이다. 늦게까지 잠을 푹 잘 수도 있는데, 새벽 3시 반에 일어나 책 쓰기를 하고 있다. 노트북 앞에 앉아 있는 것은 이제 나의 일상이 되었다. 잠자리에서 일어나기 싫을 때는 롤모델을 떠올린다. 그리고 내가 바라는 것을 생생하게 상상한다. 상상하면 현실이 된다는 것을 책을 통해 알고 있기 때문이다.

"상상력은 지식보다 중요하다."

아인슈타인의 말이다. 자신이 원하는 바를 구체적으로 그려야 한다. 무엇보다 중요한 것은 이미 실현되었다고 상상하는 것이다. 비록 지금 이미 실현되었다고 상상할 상황이 전혀 아니라고 해도, 상황을 바꾸어 상상하면 그 상상력이 자신을 눈부시게 바꾸어 놓을 것이다.

간절한 꿈은 이루어지게 되어 있다. 꿈이 간절하면 이루어진 모습을 상상하게 되고, 이루어진 모습을 상상하면, 행동으로 옮기게 되어 있다. 그러면 거짓말처럼 꿈을 이루어낸 자신을 발견하게 될 것이다.

02

SNS 시대,
1인 1책 쓰기 시대다

_

당신이 상상을 할 수 있다면 그것을 이룰 수 있고,

당신이 꿈꿀 수 있다면 그 꿈대로 될 수 있다.

- 윌리엄 아더 워드 -

작년에 중학교 1학년 학생이 간절한 눈빛으로 나에게 질문했다.

"선생님! 어떻게 하면 선생님처럼 작가가 될 수 있어요?"

"너 책 쓰고 싶어 하는구나! 그럼, 이번 겨울방학 때부터 책을 많이 읽었으면 좋겠어."

"저 벌써 책 읽기 시작했어요. 겨울방학에 정말 많이 읽을 거예요."

"그래? 벌써 작가의 자세가 보이는구나. 개학 후에 책 쓰기에 대해 우리 얘기해보자."

"네! 선생님! 감사합니다."

다음은 고등학교 1학년으로 작가의 꿈을 가진 학생과 나눈 대화 내용이다.

"내가 준 책들을 읽으면서, 어떤 장르의 책을 쓸 것인지 생각해봐."

"네! 알겠습니다. 읽을 책이 많네요."

"네가 고1인데, 지금 책을 쓰기 시작하면 내신 관리와 수능시험 공부에 지장이 있으니까, 수능 마치자마자 책 쓰기 시작하면 어떨까?"

"그래요? 선생님! 저는 이번 겨울방학 때부터 책 쓰고 싶어요."

"그렇게 빨리? 그러면 내가 준 책 세 권을 먼저 읽고 시작해보자."

요즈음은 어린 학생들도 책 쓰기에 관심이 많다. 그래서 과거와 달리 과감하게 자신의 블로그를 개설하여 창작 활동을 하는 학생들도 있다. 누가 시키지 않아도 블로그에 자기 생각과 경험을 매일 올리고, 독자들은 평론가가 되어 댓글을 달고 있다. 이렇게 SNS로 책 쓰기 자기 주도 학습을 자연스럽게 하고 있다.

어느 선생님은 내 책을 읽고 블로그를 개설하여 독후감을 쓰기 시작했다고 한다. 저자로서 매우 기쁜 일이다. 독자를 변화시켰으니 말이다. 그 선생님은 앞으로 꾸준히 독서를 하면서 글을 올리겠다고 했다. 블로그가 독서일지가 된 것이다. 블로그를 개방해놓으면 많은 사람이 읽기 때문에, 독자를 의식하면서 글을 쓸 수밖에 없다. 이 선생님도 SNS로 책 쓰기 학습을 자연스럽게 하는 것이다.

이렇게 자신의 블로그에 글을 매일 올리는 사람들이 많아졌다. 자신의 블로그가 없다면 시대에 뒤떨어지는 사람이 된 것처럼 느껴지게 할 정도이다. 어떤 사람은 여행하면서 가족과 함께 또는 친구와 함께 찍은 사진을 여행 소감과 함께 블로그, 인스타그램, 페이스북, 트위터에 올리기도 한다. 어떤 사람은 가족이 먹을 요리인데도 손님에게 대접하는 것처럼 예쁘게 만들어, 레시피와 함께 SNS에 올리기도 한다. 어떤 사람은 블로그, 인스타그램이 운동일지가 되어 매일 운동하는 모습을 사진 찍어 올리기도 한다. 이렇게 많은 사람이 자신의 일상생활이나 취미생활 등 각양각색의 스토리를 매일 SNS에 올리고 있다. 이렇게 과거와는 전혀 다른 삶을 살아가는 이들이 많다.

그러면 소셜 네트워크 매체 중, 페이스북이나 트위터는 언제 생겨났을까?

페이스북(facebook)은 미국 캘리포니아주 멘로파크에 본사를 둔, 소셜 네트워크 서비스로, 2004년 2월 4일에 마크 저커버그(Mark Zuckerberg)가 하버드대 동문이자 룸메이트인 사람들과 함께 웹사이트를 개설했다고 한다. 이 웹사이트는 16년이 지난 2020년 6월을 기준으로 이용자가 27억 명에 달한다. 전 세계 인구 세 명 가운데 한 명이 페이스북을 하고 있다는 셈이다. 그리고 트위터는 페이스북보다 2년 늦은 2006년 3월 22일에 인류 최초로 시작되었다. 잭 도시, 버즈 스톤, 에반 윌리엄스, 노아 글래스 이렇게 네 명이 함께 만들었다고 한다.

코로나19로 가속화된 4차 산업혁명 시대에 우리가 살고 있다. 유통업계가 더욱 성장하게 되었고, SNS를 통해 서로의 안부를 묻고 소식을 전하게 되었다. 사는 방식도 바뀌었다. 코로나가 있기 전에도, 실제 블로그에 자신의 일상을 올리는 것부터 시작하여 책을 펴낸 이들이 있는데, 앞으로는 더욱 SNS 활동이 활발해질 것이다.

평범한 주부에서 온라인 인기 육아맘이 된 사람으로, 김정미 씨가 있다. 그녀는 아들에게 만들어주던 이유식 레시피를 온라인에 올리기 시작했는데, 이것이 '대박 이유식'으로 소문이 났다. 그래서 그녀는 그동안 온라인에 올렸던 레시피와 경험담을 모아 『아기가 잘 먹는 이유식은 따로 있다』를 출간했다. 이 책은 현재 신세대 엄마들에게 인기가 있어 이유식 바이블로 불리고 있다.

또한, 요리가 취미인 김용환 씨는 자신의 블로그에서 쉬우면서도 맛있는 요리 레시피를 소개하면서 『2,000원으로 밥상 차리기』라는 책까지 펴내 수십만 부가 팔리는 베스트셀러 작가가 되었다. 직접 장을 보고 요리한 것을 사진 찍었으며, 음식 조리 과정을 재미있고 자세하게 풀어썼다. 그리고 레시피까지 정리한 것으로, 저렴하고 푸짐하게 음식 만드는 방법은 물론 혼자 사는 사람의 살림 노하우도 배울 수 있는 책이다. 이렇게 요리 전문 작가로 성공한 김용환 씨를 따라 하며, 블로그를 통해 요리 전문 작가가 된 사람들도 많다고 한다.

이렇게 인터넷으로, 평범한 사람들이 책을 쓸 수 있는 시대가 열렸다. 전에는 전문적인 지식과 정보가 있는 사람, 학벌이 높은 사람, 문학적 재능이 있는 사람만이 작가가 될 수 있었다. 그런데 이제는 전문적인 지식이 없더라도 평범한 일상을 그려내어 베스트셀러가 되기도 한다. 이렇게 감성을 자극할 수 있는 스토리와 이미지만 있으면 이제는 책을 펴낼 수 있게 되었다.

세계 최고의 미래학자로 꼽히는 다니엘 핑크는 저서 『새로운 미래가 온다』에서 '하이 컨셉', '하이 터치'의 시대가 온다고 했다. 여기에서 '하이 컨셉'이란 언뜻 관계가 없어 보이는 아이디어라도 결합하여 훌륭한 이야기를 창조해내는 능력을 말한다. 그리고, '하이 터치'란 다른 사람과 공감하고 미묘한 인간관계를 잘 다루며, 자신과 다른 사람의 즐거움을 잘 유도해낼 뿐만 아니라, 목적과 의미를 발견해 이를 추구하는 능력을 말한다.

이렇게 새로운 미래가 온다는 말은 전문적 지식과 기술을 가진 똑똑한 사람들보다, 감성을 터치할 수 있는 창의적이고 상상력을 발휘할 수 있는 사람이 이 시대의 주인공으로 떠오르게 될 것이라는 말이다. 즉 새로운 미래는 일보다 새로운 형태의 창작 활동을 하는 삶을 통해 의미를 부여하고 삶의 즐거움을 누리게 되는 시대이다. 그러므로 새로운 미래는 창작 활동 중에 책 쓰기가 최고로 인정받으며 성행할 것으로 보인다.

『부자 아빠 가난한 아빠』의 저자로 세계적인 베스트셀러 작가가 된 로버트 기요사키도 그의 인터뷰 중에 "상상력이 지식보다 중요하다."라고 말했다. 아인슈타인도 "상상력은 지식보다 중요하다."라는 말을 남겼다.

이제 정보화 시대를 넘어 창의력과 상상력이 경제적 가치를 만들어내는 하이 컨셉, 하이 터치 시대가 왔다. 이제 그동안 당신도 작가가 될 수 있는 자질을 충분히 갖추었으니, 이제 책 쓰기도 할 차례이다. 그동안 날마다 문자 메시지를 수십 통씩 보냈고, 오늘도 보냈으니, 작가가 될 자기주도 학습은 충분히 마친 것이다. 이 시대는 감성과 이미지가 있는 스토리텔링의 시대로, 사람들은 다른 사람들의 인생 이야기에 귀를 기울이고 있다. 자신과 다른 부류의 삶을 살아가고 있는 이야기가 더 흥미진진하게 들리기 때문이다.

시대가 많이 바뀌었다. 과거에 없던 인터넷이 생겨 누구나 자기의 생각, 자신의 이야기를 블로그 또는 인스타그램, 트위터와 페이스북에 매일 올릴 수 있게 되었다. 짧든지 길든지 문자 메시지를 하루에도 수십 통씩 보내며, 자연스럽게 책 쓰기 학습을 매일 하게 되었다. 작가가 되기 위한 자기 주도 학습을 날마다 하는 것이다.

원고지가 아닌 컴퓨터도 한몫하고 있다. 펜으로 원고지 한 장 한 장에 쓴다면 아마 나는 저서를 출간하지 못했을 것이다. 펜으로 쓰는 것보다 훨씬 빠르게 많은 양을 써낼 수 있는 것이 컴퓨터다. 잘못된 부분이 있으면 쉽게 지울 수도 있고, 부족한 내용이 있으면 쉽게 끼워 넣을 수도 있다. 인터넷으로 자료 찾기도 쉽다. 이렇게 편리한 도구인 컴퓨터가 있는데, 왜 책을 쓰지 않고 있는가? 지금은 1인 1책 쓰기가 가능한 시대이다.

"나이가 60이다 70이다 하는 것으로 그 사람이 늙었다 젊었다 할 수 없다. 늙고 젊은 것은 그 사람의 신념이 늙었느냐 젊었느냐 하는 데 있다."

맥아더의 말이다. 인류의 평균 수명이 길어져 은퇴 후에도 40~50년을 더 살아야 하는데, 무엇을 할 수 있겠는가! 최고의 창조적인 일, 그리고 생산적인 일이 바로 책 쓰기이다. 이 시대의 작가는 독자의 감성을 자극할 수 있는 스토리와 이미지를 그리면 된다. 가족도 마음 편히 만날 수 없는 이 코로나 시대, 책 쓰기를 통해 1인 1책 쓰기에 동참해보자. 그래서 제2의 인생인 작가의 삶을 살아가길 바란다.

평범한 사람일수록
책을 써라

_

용기란 두려움이 없음이 아니라
두려움에 대항하고 두려움을 정복하는 것이다.

– 마크 트웨인 –

누구나 처음부터 책을 쓸 줄 아는 사람은 없다. 마치 아기가 태어나면 서부터 걸을 수 없는 것과 같다. 시행착오를 거쳐 비로소 걷게 되듯이, 책 쓰기도 배움을 통해 쓸 줄 알게 된다. 이렇듯 무슨 일을 하든지 처음에는 누구나 초보자이다.

작년 봄에 똑같은 화분을 두 개 사서 하나는 교무실에, 또 하나는 특별실에 두었다. 교무실에 놓은 화분은 햇빛이 잘 들어오지 않는 안쪽, 사물함 위에 놓았다. 그리고 특별실에 놓은 화분은 햇빛이 잘 드는 창가에 두었다. 화분 성장과 햇빛과의 관계에 대해 실험하고자 한 것은 아니고, 교무실은 사물함 위가 화분이 놓일 적당한 자리였고, 특별실은 창가가 적당한 자리였다.

한 달이 지나고 두 달이 지났다. 시간이 갈수록 두 화분은 엄청난 차이를 보였다. 교무실 사물함 위의 화분은 한 번 꽃을 피우더니, 다시는 꽃 피울 생각을 하지 않았다. 나 또한 1년에 한 번 꽃을 피우는 것이 당연한 일이라고 생각했다. 그리고 키도 자라지 않고, 몸집도 작았다. 그런데 특별실 창가에 둔 화분은 무럭무럭 자라더니, 화분을 넘어뜨리기도 했다. 꽃을 피우고 지기를 여러 번 했다. 지금 겨울인데도 꽃을 또 피우고 있다. 꼭 무궁화 같다. 이 두 화분의 엄청난 차이를 통해 깨달은 바가 있다. 바로 환경의 중요성이다.

사람의 재능도 마찬가지다. 그동안 자신에게 환경을 만들어주지 않았기 때문에 자신에게 어떠한 재능이 얼마나 숨겨져 있는지 모를 수 있다. 책 쓰기도 마찬가지로, 자신에게 환경을 만들어주지 않았기 때문에, 책 쓰기 재능이 어느 정도인지 알지 못할 것이다. 자신에게 책 쓰기 환경을 만들어주기를 바란다. 즉 책 쓰기 기회를 주고 시간을 투자해보라. 자신도 모르는 놀라운 책 쓰기 재능을 발견하고, 스스로도 놀랄 것이다. 잠자는 거인을 깨우기를 바란다.

작년에 첫 개인 저서를 집필했다. 집필하기 전에는 나의 책 쓰기 재능이 어느 정도인지 알지 못했다. 그런데 독자들이 책 잘 썼다고 이구동성으로 말했다. 물론 이 중에 인사치레로 말한 사람도 있겠지만, 베스트셀러가 될 것 같다며 미리 악수하자고 청하는 사람도 있었다. 그 외에도 여러 사람이 칭찬을 아끼지 않았다.

"선생님! 감동이에요. 어떻게 이런 감동을 줄 수 있어요?"

"선생님! 이런 책 쓰기 재능이 어디에 숨어 있었어요? 저도 쓸 수 있을까요?"

"선생님! 작가 맞으세요. 내용이 매우 훌륭해요."

"쌤의 책을 읽고 매우 행복했습니다. 삶의 의미가 무엇인지를 깨닫게 했습니다. 제 마음속 깊은 데서도 감동의 물결이 일었습니다."

이 외에도 여러 명이 카톡으로 독후감을 보내주었다. 이런 문자를 계속 받다 보니, 책 쓰기를 잘했다는 생각이 든다. 내가 책을 쓰지 않았다면 이런 말을 어디에서 들어보겠는가! 내가 책을 쓰지 않았다면 나에게 책 쓰기 재능이 있는지 어떻게 알겠는가! 나에게 기회를 주고 책 쓰기에 시간을 투자한 결과이다.

김병완 씨는 39세까지 평범한 직장인이었다고 한다. 한 권의 책도 써본 적이 없는 매우 평범한 사람이었는데, 기적과 같은 일이 벌어졌다고 한다. 글쓰기를 어설프게라도 배운 적이 단 한 번도 없었는데, 갑자기 한 달에 두세 권의 책을 써내는 작가가 되었다고 한다. 더 놀라운 것은 10년 동안 100권을 썼다는 것이다. 이것보다 더 놀라운 것은 그 책들을 모두 초고 상태로 출판사에 넘겼다는 것이다. 그리고 더 놀라운 것은 김병완 씨의 책을 읽은 사람들의 인생이 바뀌었다는 것이다.

나도 한 권의 저서를 남겼을 뿐인데, 내 책을 읽고 살아갈 힘을 얻었다는 사람들이 있다. 어떤 사람은 내 책을 읽고 용기를 얻어 책을 쓰고 싶다고 했다. 책을 쓰고 싶다는 사람이 한두 사람이 아니다. 나에게 책 쓰기 코칭을 벌써 요청해왔다.

나는 사람들에게 책을 꼭 쓰라고 권한다. 책 쓰는 즐거움을 경험한 사람으로서 이 세상에 사는 동안의 책 쓰기는 꼭 해야 할 숙제와도 같다. 책을 쓰면 가슴 뛰는 삶을 살아갈 뿐만 아니라, 최고의 유산을 남기기 때문이다. 그런데 사람들은 자신을 과소평가하며, 자신에게 그런 능력이 없다고들 말한다. 시도해보지도 않고 단정을 내리지 않았으면 좋겠다. 자신이 셰익스피어보다 더 위대한 문학적 재능을 가졌는지 어찌 알겠는가!

"할 수 있다고 생각하기 때문에 할 수 있는 것이다."

베르길리우스의 말이다. 할 수 있다고 생각하기를 바란다. 당신은 당신이 생각하는 것보다 훨씬 더 뛰어난 재능을 소유하고 있다는 것을 알아야 한다. 다만 계발이 되지 못했을 뿐이다. 활을 당겨보지 않은 사람은 자신의 재능이 얼마만큼 되는지 전혀 알지 못하는 것처럼.

10여 년 전, 대입 수시모집에 지원하는 고3 학생을 위해 자기소개서 작성 지도를 할 때이다. 한 남학생이 진로가 갑자기 바뀌어 컴퓨터공학과에 진학하고 싶다고 나에게 말했다. 이 말은 컴퓨터공학과에 지원을 위한 자기소개서 작성을 해야 한다는 말이다. 그래서 그 학생에게 그동안 컴퓨터공학과에 지원하기 위해 한 가지라도 노력한 것이 있느냐고 물었다. 그런데 아무것도 없다고 대답했다. 한마디로 난감했다. 자기소개서 공통 양식 유의 사항에 이런 내용이 있다.

"자기소개서는 지원자가 본인이 작성하여야 하고, 사실에 근거하여 정직하게 지원자 자신의 능력이나 특성, 경험 등을 기술하여야 합니다. 제출된 자기소개서는 표절, 대리 작성, 허위사실 기재, 기타 부정한 사실 등의 검증을 위해 유사도 검색을 시행하고, 해당 사실이 발견되면 불합격 처리되며 합격 이후라도 입학이 취소될 수 있습니다."

사실에 근거하여, 정직하게 지원자 자신의 능력이나 특성, 경험 등을 기술해야 하는데, 전공과 관련한 활동을 전혀 하지 않았으니, 어떻게 지도해야 할지 고민되었다. 그리고, 자기소개서 2번 항목에 고등학교 재학 기간 중, 본인이 의미를 두고 노력했던 교내 활동을 배우고 느낀 점을 중심으로 3개 이내로 기술해보라는 항목이 있다. 이 항목도 전공 적합성을 확인하는 질문으로, 전공에 어느 정도 관심을 두고 고등학교 생활을 했는지 알아보는 항목이다. 어떻게 지도해야 이 학생이 원하는 컴퓨터공학과에 합격할 수 있을까!

이렇게 지도하기로 결단을 내리고 말을 이었다.

"지금부터 자기소개서를 쓰되, 왜 진로를 바꾸게 되었는지부터 솔직하게 쓰고, 앞으로 컴퓨터공학과에 지원하여 어떻게 공부할 것인지에 대한 학습계획과 졸업 후 진로 계획을 '일기 쓰듯이' 써봐."라고 했다. 이 학생은 '일기 쓰듯이'라는 말을 잘 이해하고, 손도 대지 못하던 자기소개서를 써 내려가기 시작했다. 쓰다가 막히면 말이 이어질 수 있도록 조언하여 결국 작성을 마쳤고, 자기소개서를 제출하여 지원하고자 하는 컴퓨터공학과에 합격했다.

그렇다. 처음 책을 쓰는 사람은 '일기 쓰듯이'라는 말이 가장 이해하기 쉬울 것이다.

실제로, 황경애 작가의 저서 『꿈꾸는 엄마가 기적을 만든다』는 친정어머니가 소천하신 후, 온몸이 마비되고 꼼짝할 수가 없는 상황이었을 때, 기도 중에 하나님께서 지혜 주시기를 '자녀를 키운 경험담을 일기 쓰듯이 써라'라고 하여 쓴 책으로 베스트셀러가 되고, 작가는 전 세계를 다니며 자녀 교육 세미나를 4,000회나 했다고 한다.

이제 당신을 이 메신저 산업의 세계에 초대하려고 한다. 책 쓰기가 당신을 가슴 뛰는 삶으로 만들 것이다. 그리고 당신을 작가로 변신시킬 것이다. 작가로 변신한 자신을 발견하고 놀랄 것이다. 책 쓰기는 최고의 자기 도전이며, 자기 혁명이라는 것을 깨닫게 될 것이다.

셰익스피어는 이렇게 말했다.

"마음의 준비만 되어 있다면, 모든 준비는 다 되어 있는 셈이다."

04

3개월 만에
저서를 지닐 수 있다

–

할 수 있다는 믿음을 가지면 처음에는 그런 능력이 없을지라도

결국에는 할 수 있는 능력을 확실히 갖게 된다.

– 마하트마 간디 –

5년 후, 당신은 무엇을 하고 있을 것인가?

위 질문에 대해 확실한 답변을 자신에게 할 수 있는가? 답변이 준비되어 있지 않다면, 5년 후 자신의 미래를 밝게 바꾸어 줄 그 무엇이 있는지 지금 생각해보길 바란다. 미래를 바꾸어 줄 수 있는 것이 여러 가지가 있겠지만, 나는 책 쓰기를 권한다.

책 쓰기를 시작하면서 자기계발서를 많이 읽었다. 자기계발서에는 자신의 이름으로 된 책을 펴낸 후, 인생이 달라졌다는 사람들이 줄을 잇고 있었다. 그들은 저서를 쓰기 전에는 평범한 직장인들이었다. 그런데, 저서를 펴낸 후 전문가로 인정받으면서 직장생활을 할 때와는 전혀 다른 삶을 살고 있었다. 사람들이 책을 읽고 이메일을 보내기도 하고, 1:1 컨설팅을 요청하기도 했다. 그리고 여기저기에서 칼럼 기고와 강연 요청이 쇄도했다. 1인 창업가로 새로운 삶의 길이 열리기도 했다. 당연히 수입도 늘어나 경제적으로 풍요로워졌음은 물론 하루하루가 가슴 뛰는 삶을 살고 있었다. 책을 한 권만 썼을 뿐인데, 한 권 쓴 그 책이 베스트셀러가 되어, 인생을 변화시킨 것이다.

『내 아이의 속도』의 저자 이화자 씨는 어려운 집안 사정으로 중학교를 중퇴했다고 한다. 하지만 학업에 대한 열정은 조금도 식지 않아 악착같이 공부했고, 그 후 검정고시를 보고 대학교에 입학했다고 한다. 대학 졸업 후, 그녀는 교사가 되어 재직하면서 『내 아이의 속도』를 펴냈다. 이 첫 저서로 인해 책 쓰기에 대한 자신감과 책 쓰기 스킬을 익히게 되어, 『행복한 엄마 수업』도 출간했다. 그 후에도 매일 새벽에 일어나 책 쓰기한 결과, 첫 저서를 집필한 지 4개월 만에 네 권의 책을 집필했다고 한다. 미치지 않고는 이렇게 집필할 수 없다. 불광불급(不狂不及)이다.

이화자 작가처럼 미치지는 않더라도 책을 쓰고 싶다는 생각이 들지 않는가! 지금 작가가 된 자신의 모습을 상상해보고 싶지 않은가! 자신이 쓴 책을 읽고 온라인 서점에서 독자들의 리뷰가 올라오는 모습을, 서점에서 자신의 책이 진열된 모습을, 그리고 베스트셀러 코너에서 자신의 책이 버젓이 자리 잡은 모습을, 그리고 많은 독자 앞에서 강연하는 모습을, 수강생 앞에서 책 쓰기 코칭하는 모습을 상상해보기를 바란다.

실제로, 나의 첫 개인 저서가 온라인 서점에서 판매되면서 독자들의 리뷰가 올라왔고, 온라인 서점인 예스24에서 자기계발 분야 중 기획/정보/시간 관리에서 베스트 56위까지 올랐으며, 목동 교보문고 베스트셀러 코너에서 버젓이 9위에 자리 잡고 있었다. 그리고 책 쓰기 코칭 제안도 받았다. 내가 상상한 모습이 그대로 현실이 되고 있다.

"당신이 상상을 할 수 있다면 그것을 이룰 수 있고, 당신이 꿈꿀 수 있다면 그 꿈대로 될 수 있다."

윌리엄 아더 워드의 말이다. 지금은 이 책을 쓰면서 책 쓰기 코치로서 코칭하는 모습을 상상하고 있다. 교실 한 칸을 차지하고 책 쓰기 코칭하는 나의 모습을 상상하면 벌써 가슴이 뛴다. 책 쓰기가 나를 완전히 바꾸어놓았다. 책 쓰기가 나의 꿈을 찾아주었고, 나의 잠재력을 끌어내었다. 꿈 너머 꿈을 갖게 했고, 도전정신도 갖게 했다. 앞으로도 계속 작가로서 책을 쓰려고 한다. 그리고 책 쓰기 코치, 1인 창업가로 일하게 될 것이다. 이렇게 책 쓰기는 많은 것을 갖게 하고 성장시켜준다. 한마디로 책 쓰기는 저자의 인생을 바꾸어놓는 다이내믹한 힘을 갖고 있다.

책을 쓴 여러 작가가 말하기를, 어느 작가는 3개월 만에 한 권을 썼다고 하고, 어느 작가는 2개월 만에 썼다고 했다. 어느 작가는 1개월 만에 썼다고도 했다. 그런데 내가 책을 쓰기 전에는 3개월 만에 책 한 권을 쓴다는 것은 불가능하다고 생각했다. 2개월은 물론 더욱 불가능하고 말이다. 그리고 1개월은 말도 안 된다고 생각했었다. 그런데 지금은 생각이 바뀌었다. 모두 가능하다고.

24년 동안 250권을 쓴 김태광 작가가 있고, 10년 동안 100권을 쓴 김병완 작가가 있다. 이 작가들은 1년에 10권씩 썼다는 것이고, 약 한 달 간격으로 책 한 권씩 펴냈다는 말이다. 이것이 가능할까? 중국 당나라 시대 최고의 시인으로서, 시성(詩聖)이라 불렸던 두보의 말을 생각하면 충분히 가능하다는 결론이다.

"만 권의 책을 독파하면 귀신처럼 붓을 놀릴 수 있다."

실제로 김병완 작가는 3년 동안, 1만 권을 읽었다고 한다. 그러면 1년에 3,300여 권을 읽었다는 말인데, 이것이 가능할까? 3,300권을 열두 달로 나누면 한 달에 275권이다. 한 달에 27권도 읽어 보지 못한 나로서는 아직도 믿어지지 않는다. 그렇다면 책을 미친 듯이 읽었다는 말이다. 책에 미치지 않고는 그렇게 읽어낼 수 없다. 이렇게 책에 미쳤으니 귀신처럼 붓을 놀릴 수 있었을 것이다.

내가 책을 써보니, 책 한 권 쓰는 데 2개월이면 가능하다. 작년에 공동 저서『보물지도 21』의 5꼭지를 쓸 때, 1주일 만에 썼다. 이 속도대로 책을 쓴다면 2개월이면 써낼 수 있다. 대신 눈과 어깨가 매우 아플 것이다. 그 후, 개인 저서 초고 완성을 3개월 만에 마쳤다. 이렇게 책을 써보니, 3개월 만에 저서를 지닐 수 있다고 자신 있게 말한다. 3개월이면 12주이다. 책 한 권의 꼭지 제목을 38꼭지로 했을 때, 1주에 3꼭지 정도 쓰면 된다. 즉 이틀에 한 꼭지씩이다. 이틀에 한 꼭지씩 일기 쓰듯이 A4용지 2.5매씩 쓰면 된다.

나의 개인 저서『당신의 삶도 이미 베스트셀러이다』가 38꼭지이다. 1장과 5장은 7꼭지씩이고, 나머지는 8꼭지씩이다. 6월 1일에 책을 쓰기 시작하여 8월 31일에 초고를 완성하여, 9월 1일 오전 8시 30분에 초고를 이메일로 여러 출판사에 발송했다. 꿈만 같게도 9월 1일 9시경에 전화가 걸려왔고 9시 30분경에 계약이 성사되었다. 감사한 일이다.

"시도해보지 않고는 누구도 자신이 얼마만큼 해낼 수 있는지 알지 못한다."

푸블릴리우스 시루스의 말이다. 그렇다. 누구든지 자신의 잠재력을 알고 싶으면 시도해보아야 한다. 시도해보지 않고는 어떻게 자신의 잠재력이 얼마만큼 숨겨져 있는지 알 수 있겠는가? 남은 물론이고 자신도 알지 못하고 있다. 알아내는 방법은 시도해보는 것뿐이다.

잠재력을 끌어내는 최고의 방법은 시도해보는 것으로, 나는 책 쓰기를 선택했다. 책 쓰기를 시도해보니, 책만 쓰는 것이 아니라 독서를 많이 하게 되었다. 책을 읽으면서 내 인생을 다시 돌아보게 되었고, 책 속의 인생이 내 인생의 거울이 되었다. 그동안 최선을 다하여 살았다고 자부했었는데, 잘못 생각하고 있다는 것을 독서로 깨닫게 되었다. 나의 꿈을 이루기 위해서 미치도록 도전해본 적이 없기 때문이다. 그런데 책을 쓰기 시작하면서 내 가슴 깊숙이 숨겨져 있는 도전정신이 하나씩 일어서기 시작했다.

책 쓰기는 인생에서 선택이 아니라 필수이다. 물론 책 쓰기는 쉬운 일이 아니다. 직장에 다니면서 퇴근하여 시간을 내어 써야 한다. 저녁에 시간이 나지 않으면 새벽에 써야 한다. 물론 모든 일이 시간, 그리고 자신과 하는 싸움이듯, 책 쓰기도 시간, 자신과 치열하게 싸우는 작업이다.

그런데 책 쓰기는 시도해볼 만한 가치 있는 고귀한 작업이다.

책 쓰기는 자신의 삶 전체를 되돌아보게 하고 재정비하게 만든다. 그리고 인생 제2막을 열게 하는 인생의 터닝포인트를 갖게 한다. 그뿐만 아니라, 책 쓰기는 자신을 위한 일이기도 하지만, 많은 독자에게도 선한 영향력을 끼치기도 한다. 저자의 생각, 가치관, 철학, 경험 등이 독자들의 가슴속에 묻어두었던 꿈을 꺼내게 만들기 때문이다. 한 권의 책을 쓰고 자신의 인생을 바꾸어놓을 뿐만 아니라, 누군가의 꿈이 되어 독자의 인생도 바꾸어놓는다. 당신은 무한한 가능성을 가지고 이 땅에 태어난 사람이므로, 당신이 할 수 있다고 생각하면 할 수 있게 된다.

05

저서는 최고의
자기소개서이다

—

당신이 허락하지 않는 한,

그 누구도 당신이 열등감을 느끼게 할 수는 없다.

– 엘리노어 루스벨트 –

대학입학 수시모집을 위한 자기소개서 공통 양식은 다음과 같다.

1. 고등학교 재학 기간 중 학업에 기울인 노력과 학습 경험을 통해, 배우고 느낀 점을 중심으로 기술해주시기 바랍니다. (1,000자 이내)

2. 고등학교 재학 기간 중, 본인이 의미를 두고 노력했던 교내 활동(3개 이내)을 통해 배우고 느낀 점을 중심으로 기술해주시기 바랍니다. 단, 교외 활동 중 학교장의 허락을 받고 참여한 활동은 포함됩니다. (1,500자 이내)

3. 학교생활 중 배려, 나눔, 협력, 갈등 관리 등을 실천한 사례를 들고, 그 과정을 통해 배우고 느낀 점을 기술해주시기 바랍니다(1,000자 이내).

4. 지원 동기 등 학생을 종합적으로 판단하기 위해, 필요한 경우 대학 별로 1개의 자율 문항을 추가하여 활용하시기 바랍니다. (1,000자 또는 1,500자 이내로 하고, 대학에서 선택)

대학입학 수시모집 자기소개서가 약 5년 전만 해도 공통 양식이 없었다. 그래서 여섯 군데를 지원하는 학생은 여섯 개의 자기소개서를 각각 작성해야 했다. 한마디로 수능을 앞두고 불필요한 에너지를 많이 소비했다. 일선에서 교사들은 해마다 자기소개서의 공통 양식이 필요함을 강조해왔다. 결국, 공통 양식이 생겼고, 대입을 준비하는 수험생들이 훨씬 수월하게 자기소개서를 작성하게 되었다. 위의 4번 항목은 대학의 자율 선택이니, 학생은 지원하는 대학에 따라 4번을 작성할 수도 있고, 작성하지 않을 수도 있다.

취업을 위한 자기소개서 공통 양식은 없다. 회사마다 요구하는 내용에 조금씩 차이가 있어, 취업하고자 하는 회사의 자기소개서 양식에 맞추어 써야 한다. 어떤 회사는 문항도 없이 빈 백지를 주어 자유롭게 자신을 소개하라고도 한다. 자기소개서는 지원자의 능력을 구체적이고 실질적으로 파악할 수 있는 것으로, 3~4가지 정도 자신을 소개하는 글을 써야 한다. 가정환경 및 성장 과정, 지원 동기, 직업관, 성격 및 생활신조, 입사 후 포부, 자기계발 계획, 그리고 대인 관계 등 자신을 소개하는 내용을 진정성 있게 기술해야 한다. 또 지원하는 업무와 관련한 경력 및 경험 등을 강조하여 업무에 적합한 인재임을 부각하는 것이 좋다.

취업을 위한 자기소개서를 써야 한다면, 당신은 어떻게 쓰겠는가? 내가 회사의 회장이라면 '지원 동기, 생활신조, 입사 후 포부'를 자기소개서 내용에 넣으라고 하겠다. 이 세 가지면 지원자의 모든 것을 알아낼 것 같다. 이런 내용으로 자기소개서 양식을 받았다면, 당당히 합격할 수 있도록 자기소개서를 써 내려갈 수 있겠는가?

나의 첫 저서를 발간하자마자, 낯선 사람으로부터 이메일을 받았다. 이런 내용이다.

안녕하세요? 김선옥 작가님!
2020년 12월 14일, 광화문 교보문고에서 김선옥 작가님의 책,
『당신의 삶도 이미 베스트셀러이다』를 구매하여 읽고, 이메일을 보내드립니다.

개인적으로 무척 힘든 일이 있던 밤인데, 작가님의 책을 읽다가 이메일을 보내고 싶어졌습니다. 책 214페이지에 있는 이 내용으로 일어날 힘을 얻었습니다.

마르쿠스 아우렐리우스는 이렇게 말했다.
"자신이 생각하기에 따라 인생이 달라진다."
자신이 행복하다고 생각하면 행복한 인생이요, 불행하다고 생각하면 불행한 인생이다. 성공한다고 생각하면 성공하는 인생이요, 실패한다고 생각하면 실패하는 인생이다. 하나씩 마음을 바꾸면 행동이 달라질 것이요, 하나씩 행동을 바꾸면 인생이 달라질 것이다. 하나씩 마음을 바꾼 것이 인생을 바꿔 놓을 것이다.

이메일 확인하시는 대로 한번 통화하고 싶습니다.
2020년 12월 18일, 밤 11:58

책 표지 안쪽에 있는 이메일 주소를 보고 메일을 보내왔던 것이다. 밤 11시 58분에 몸을 일으켜 노트북을 켠다는 것은 쉬운 일이 아니다. 다음 날, 이메일을 열어보면서 통화를 하게 되었다.

견디기 힘든 상황에 놓였었는데, 내 책을 읽고 힘을 얻었다고 했다. 생각을 바꾸니, 삶의 활력을 얻게 되었다고 했다. 지금은 평온을 되찾게 되었고, 살아갈 힘도 얻었다고 했다. 감사한 일이다. 내가 책을 쓰면서 '누군가 나의 경험, 나의 깨달음을 통해서 가슴앓이를 멈추고 삶의 활력소를 찾는다면 이 얼마나 기쁜 일이 될까?'라고 생각하면서 책을 썼었다.

이어서 계속 대화를 나누었는데, 놀랍게도 나의 모든 것을 알고 있었다. 새 냉장고가 들어오던 날, 냉장고 정리하는 것부터 나의 성격, 성장 과정, 학창 시절, 교직 생활, 신앙생활, 나의 미래 목표인 책 쓰기 코칭까지, 나에 대해 모르는 것이 없었다. 나의 저서에 나의 모든 것을 써놓았으니, 독자가 아는 것이 당연한 일인데 놀라지 않을 수 없었다. 나의 성장 과정을 옆에서 지켜본 사람처럼, 나의 일상생활을 다 아는 가족처럼 말했다. 이렇게 나의 분신인 저서가 광화문 교보문고에서 독자를 만나 나에 대해 모든 것을 알고 있어, 약간 섬뜩하기도 했다.

신앙생활을 하는 분이었다. 자기계발서에 신앙생활을 자연스럽게 써넣은 점을 높이 평가했다. 어느 소제목에서는 작심하고 신앙생활에 대해 써 내려간 것에 대해 대단하다고 칭찬했다. 신앙생활을 하는 작가들이 많은데, 자기계발서에 신앙에 관해 쓰는 작가는 거의 없다는 것이다.

그 후에 통화를 또 하게 되면서 책 쓰기 코칭을 같이 해보자는 제안도 받았다. 현재 책 쓰기 코칭을 10년째 하고 있다고 했다. 이렇게 나의 저서가 나를 제대로 소개하게 된 셈이다. 박사님은 2011년 『한 걸음 더』를 시작으로 『아름다운 발걸음』, 『일어나다』, 『크리스천을 위한 책 쓰기 미션』, 『통일을 앞당겨 주소서』, 『한국이 온다』, 『책짓기 건축술』, 『인생 건축술』, 『꿋꿋이 나답게 살고 싶다』, 『인생 미션』 등을 집필했다. 그리고 올해 2021년 1월 7일자로 『한국 교회의 아버지 사무엘 마펫』을 집필하면서 남북통일과 북한교회 회복에 관한 강한 확신이 들었다고 했다.

책은 최고의 자기소개서이다. 명함이나 이력서보다 힘이 있어 나에 대해 더 자세히 말해주고 있었다. 나의 성장 과정, 성격, 특기, 꿈 등 나의 모든 스토리가 담겨 있기 때문이다.

"촬영하지 않은 장면은, 무조건 잃어버리게 된다."

웨인 그레츠키의 말이다. 이 땅에 자신의 흔적을 남기기 위해 사진 촬영, 동영상 촬영을 하는 것도 좋지만, 책 쓰기를 하는 것이 훨씬 더 생산적이다. 책 쓰기는 시작할 때부터 가슴이 뛰게 만들고, 책을 발간한 후에도 계속 가슴 뛰게 만든다. 평범한 줄만 알았던 자신이 책을 쓰면서 이 땅에서 특별한 존재임을 발견하게 될 것이다. 그동안 자신이 열심히 살아왔음을 발견하도록 도울 것이다. 인생이 무엇인지도 깨닫게 해줄 것이다. 앞으로의 삶에서도 목표를 향해 달려가도록 만들 것이다. 삶의 목표가 있으니, 그 어떤 어려움도 인내하게 할 것이다.

한 페이지 또 한 페이지에 자신의 인생 여정을 담아보길 바란다. 한 페이지씩 쓰다 보면 한 권의 책이 만들어지는 날이 다가온다. 그러면 최고의 자기소개서를 완성하게 된다.

06

당신의 삶도
이미 베스트셀러이다

—

삶이란 고독하고, 가난하고 더럽고 잔인하며 짧은 것이다.

– 토마스 홉스 –

6년 전, 중학교에 쌍둥이 자매가 입학하여 한 명은 내가 담임을 맡았고, 다른 한 명은 옆 반 선생님이 담임했다. 쌍둥이기 때문에 얼굴이 너무나 똑같았고 머리 스타일도 같아, 나만의 구별법이 있는지 얼굴을 살펴보았다. 다행히도 우리 반 애의 입가에 점 하나가 있었다. '점으로 구별하여 이름을 부르면 되겠구나!' 생각하며 좋아했었다. 그런데 점이 보이지 않을 정도의 거리에서 부를 때는 실수할 때가 있다. 쌍둥이는 "괜찮아요. 선생님 미안해하지 마세요."라고 했지만, 미안함을 떨칠 수가 없었다. 1년 동안 얼굴을 맞대고 생활하면서, 똑같은 실수를 반복해 나 자신을 원망하기도 했다.

자매는 모두 항공운항과에 지원하여 대학에 다녔는데, 그중 한 명이 관광학과로 편입했다고 들었다. 학과가 다르니 졸업 후에 직업이 달라질 것이다. 직업이 다르니 겪는 일도 다르고 만나는 사람도 다를 것이다. 그리고 각각의 남자를 만나 결혼도 하게 될 것이다. 결국, 쌍둥이로 태어났어도, 인생은 각자의 스토리로 펼쳐지게 된다.

이 땅에 사는 사람들 모두는 개인 고유의 인생이 있다. 한 부모 밑에서 태어나고 자란 형제자매들도 서로 다른 삶을 살아가고 있다. 일란성 쌍둥이도 태어날 때는 똑같아 보이지만, 삶은 전혀 똑같지 않다. 이 말은 인생은 각자의 스토리가 있다는 것이다. 그러므로 각자의 인생을 책으로 펴낸다면, 모두 다른 삶의 베스트셀러가 될 수 있다.

사람들은 베스트셀러의 삶을 살고 있는데도, 그 귀한 인생 스토리를 책으로는 쉽게 펴내지 못하고 있다. 왜냐하면, 사람 대부분이 책 쓰기를 쉽게 접근하지 못하고 있기 때문이다. 그러나 누구에게나 '시작'은 있기 마련이다. 그리고 그 시작은 누구에게나 두려울 수 있다. 하지만 우리들의 삶은 하나씩 배워가고 조금씩 완성해가는 것이다. 이것이 인생이다. 그러므로 먼저 걸어간 이의 지름길을 따라 걸어가면 된다.

나 또한 책 쓰기를 시작하기 전에는 어떻게 시작해야 할지 몰랐다. 어떤 장르의 책을 쓸 것인가? 어떤 주제로 책을 쓸 것인가? 목차는 어떤 것들로 정할까? 고민을 참 많이도 했다. 그런데, 현재 담당하고 있는 업무, 경험, 삶의 노하우, 신앙생활, 은퇴 후의 삶을 토대로 나를 퍼스널 브랜딩이 가능한 책을 기획하기로 했다. 장르, 가제, 기획 의도, 예상 원고 내용, 대상 독자, 경쟁 도서, 집필 기간 등을 넣어 집필 계획서를 작성했다. 그다음 목차를 정하여 책을 쓰기 시작했고, 소제목 하나를 완성하고 또 하나를 완성하다 보니, 책 쓰기의 스킬을 알게 되었다. 책을 써보면 삶의 모든 순간이 글감이 된다는 것을 알게 된다.

당신은 당신만의 인생 경험이 있고, 경험에서 얻은 지식과 지혜가 있다. 당신이 살아온 이야기, 살아오면서 얻은 지식과 지혜가 다른 사람의 인생에 큰 도움을 줄 수 있다. 당신은 사랑받기 위해 태어났고, 세상을 변화시키기 위해 태어났다. 세상을 변화시키는 가장 좋은 방법은 그동안 살아오면서 얻은 지식과 지혜를 가지고, 다른 사람이 성공하도록 돕는 것이다. 그 돕는 방법이 바로 책을 쓰는 것이다. 그러면 지금부터 시작해 보자.

어떤 책을 쓰고 싶은가? 감염 치료, 면역 이야기 관련 책을 펴낸다면 건강서가 될 것이다. 똑똑한 아이로 키우는 방법에 관한 책을 쓴다면 육아서가 될 것이다. 성공담을 책으로 펴낸다면 자기계발서가 될 것이다.

국어, 영어, 수학 등급 올리는 학습법에 관해 책을 쓴다면 학습서가 될 것이다.

그러므로 삶의 모든 순간이 책 쓰기 소재요, 삶의 모든 경험에서 얻은 지식과 지혜, 삶의 노하우, 신앙생활, 삶의 철학 등이 이미 베스트셀러의 글감들이다. 모든 사람이 베스트셀러의 삶을 살고 있다. 사람마다 각양각색의 인생 스토리가 있기 때문이다.

나쓰메 소세키의 책 『나는 고양이로소이다』에 이런 표현이 있다.

"늘 태평하게 보이는 사람들도 마음속을 두드려보면 어디에선가 슬픈 소리가 난다."

우리 인생은 슬픈 소리 한두 개 정도는 가슴에 안고 살아간다. 가슴 속에 숨기고 있어 보이지는 않지만, 두드려보면 더는 숨기지 못하고 슬픈 소리가 난다. 신경림의 「갈대」라는 시에서도 인생에 대해 잘 표현해주고 있다.

언제부턴가 갈대는 속으로
조용히 울고 있었다.

그런 어느 밤이었을 것이다. 갈대는

그의 온 몸이 흔들리고 있는 것을 알았다.

바람도 달빛도 아닌 것.

(이하 생략)

출처: 『갈대』 신경림 지음, 시인생각, 2013.

이 시의 주된 정서는 슬픔이다. 그의 온몸이 흔들리고 있는 것은 바람도 아니고 달빛도 아닌, 제 조용한 울음으로 표현하고 있다. 산다는 것은 이렇게 속으로 조용히 울고 있는 것이라고 시인이 말하니, 갈대도 그렇게 이야기하고 있다.

나 또한 예외 없이 슬픈 소리 한두 개 가슴에 안고 살았다. 그래서 나의 온몸이 흔들리기도 했다. 그러나 인생의 장벽은 넘을 수 있다고 생각하면 넘을 수 있게 된다. 단단한 인생을 살라고 주어지는 인생의 필수과제라고 생각하면, 아무것도 아닌 게 된다.

"내가 너희를 고아와 같이 버려두지 아니하고 너희에게로 오리라."

요한복음 14장 18절에 있는 말씀이다. 누구나 극복해낼 수 있다.
나는 지극히 평범한 직장인이다. 아침에 출근하여 근무하고 퇴근하면

부모님을 보살펴 드리거나 귀가하여 휴식을 취한다. 그런데. 책을 써보니, 직장에서의 업무, 학생들을 지도한 경험, 부모님을 보살펴 드리면서 얻은 지혜, 나의 가치관 등 모두 것이 책 쓰기의 소재가 되었다. 이렇게 삶 자체가 책 쓰기의 소재로, 어떠한 경험이나 깨달음도 쓸모없는 것은 아무것도 없다.

이제 당신이 지금까지 경험한 것들을 회상해보길 바란다. 살아오면서 겪은 수많은 경험에서 얻은 지식과 지혜로 여러 권의 책을 쓸 수 있다. 삶의 모든 순간은 책 쓰기 소재요, 인간 삶 자체가 여러 권의 책이다.

나의 첫 개인 저서를 펴낸 후에 독자들의 반응은 두 가지였다. 하나는 자신도 책을 쓰고 싶으니, 도움을 달라는 반응과 또 하나는 자신은 절대 책을 쓸 수 없다는 반응이다. 그런데 다시 한번 강조하지만, 누구나 책을 쓸 수 있다. 삶의 모든 순간이 책 쓰기 소재이기 때문이다. 또한, 백 권의 책을 읽는 것보다 한 권의 책을 쓰는 것이 훨씬 더 많은 것을 배울 수 있어서 좋다. 책 쓰기는 선택이 아니라 필수이다. 한 번뿐인 인생이니까.

사람은 최고의 삶을 살아갈 의무가 있다. 모든 사람이 최고의 삶을 살아가도록 특권을 받고 태어났기 때문이다. 그리고 세상을 변화시키기 위해 당신이 이 땅에 태어났기 때문이다. 지금부터 틈틈이 책 쓰기에 시간을 투자해보기 바란다. 그러면 삶이 즐거워질 것이다. 책 쓰기가 가슴 뛰는 삶으로 안내할 것이다. 책 쓰기가 인생을 주도적인 삶으로 바꾸어줄 것이다. 책을 펴내는 순간 독자에서 저자로 바뀌어, 세상을 변화시키는 리더의 무리에 들어가게 될 것이다.

07

당신도 이미
베스트셀러 작가이다

_

인생에 뜻을 세우는 데 있어 늦은 때라곤 없다.

- 볼드윈 -

작년, 책을 쓰기 시작하면서 버킷리스트가 생겼다. 첫째, 베스트셀러 작가 되기, 둘째, 책 쓰기 코칭하기, 셋째, 유럽 여행하기였다. 이 중에서 첫째인 베스트셀러 작가 되기는 이루었다. 목동 교보문고 베스트셀러 코너에서 나의 첫 번째 저서 『당신의 삶도 이미 베스트셀러이다』가 9위 자리에 있었다. 그리고 예스24에서는 12월 19일, 책이 발간된 지 1주일 만에 베스트 56위로 올라가 4주 동안 베스트셀러 자리를 지켰다. 지금은 가끔 하루씩 베스트셀러가 되기도 한다. 감사한 일이다. 꿈 하나를 이루게 된 것이다. 내가 책을 쓰기 전에는 베스트셀러 작가에 대한 꿈을 전혀 꾸지 못했다. 그런데 책을 쓰기 시작하면서 꿈 너머 꿈을 꾸게 되었다.

"시도해보지 않고는 누구도 자신이 얼마만큼 해낼 수 있는지 알지 못한다."

푸블릴리우스 시루스의 말이다. 시도해보지 않으면 그 누구도 어느 분야에서든지 자신이 얼마만큼 해낼 수 있는지 전혀 알아내지 못한다. 그러므로 시도해보아야 한다. 책 쓰기를 해보지도 않고 자신은 글솜씨가 없다고 말하면 안 된다.

나도 책을 쓰기 전에는 내가 어느 정도의 글쓰기 능력으로 책을 써낼 수 있을지 전혀 알지 못했다. 그런데 첫 책을 펴낸 후, 온라인 서점에서 베스트에 오르고 오프라인 목동 교보문고에서 베스트셀러 코너에 내 책이 놓인 것을 보니, 내가 얼마만큼 해낼 수 있는지 알게 되었다. 그래서 이렇게 또 두 번째 저서를 집필하고 있다.

당신은 자신에 대해 어떻게 생각하고 있는가? 아직도 책 쓰기 능력이 없다고 생각하고 있는가? 책은 아무나 쓰지 않는다고 생각하고 있는가? 그러나 당신도 이미 베스트셀러 작가이다. 지금 펜을 들어 책을 쓰기 시작하기만 한다면.

한국판 조앤 롤링을 소개하고자 한다. 부산대 재료공학과를 졸업하고, 삼성전자 엔지니어로 입사해 반도체 생산 설비 관리를 담당했었는데, 삼성전자를 그만두고 소설을 쓴 이미예 작가이다. 소설 쓰기를 따로 배운 적도 없었고, 필사도 해본 적이 없었는데, 첫 소설을 써 베스트셀러 1위로 자리를 잡게 되었다. 베스트셀러 작가가 될 수 있도록 도움을 준 것은 10년 넘게 만화책부터 드라마 대본집까지 작품을 가리지 않고 '재미 요인'을 분석해 노트에 기록해 놓은 것이라고 한다. 그렇게 쓴 노트가 20여 권으로, 소설 부문 2020년 연말부터 종합 베스트셀러 1위를 지키고 있는 『달러구트 꿈 백화점』이다. 2020년 7월에 출간하여 이후 팔린 책이 30만 부로 290쇄를 찍었다고 한다. 이 작가가 노트에 소재를 간직한 채 소설을 쓰지 않았다면, 자신이 베스트셀러 작가라는 것을 발견하지 못했을 것이다.

어떤 작가가 되고 싶은지 질문을 받았을 때 이렇게 대답했다고 한다.

"어차피 완벽한 책은 만들지 못할 테니, 다른 사람들의 평가에 휘둘리지 않고 소신 있게 글을 쓰고자 한다. 나의 취향대로 글을 쓰다 보면, 나와 취향이 맞는 독자들이 나의 글을 좋아하지 않을까! 작가는 차고 넘칠 텐데, 나만의 장점이 뚜렷한 책을 만들고 싶다."

이미예 작가는 준비된 작가라는 생각이 든다. 20여 권의 노트가 있어 소설의 글감들을 가지고 있었으니 말이다.

　그런데 준비된 노트 한 권도 없이 첫 책을 써서 베스트셀러를 만든 작가가 있다. 황해수 작가이다. 28세 청년 작가의 첫 책 『나는 알바로 세상을 배웠다』가 온라인 서점 자기계발 분야 베스트셀러 1위에 오른 후, 계속해서 상위권에 머물며 꾸준히 사랑받고 있다. 황해수 작가는 책 쓰기를 통해 누구나 베스트셀러 작가가 될 수 있음을 보여 주고 있다. 그는 인생 경험이 풍부하지도 않고, 특정한 직업이 있는 것도 아니다. 다만 17세 때부터 지금까지 27가지의 아르바이트를 하며 자신이 겪었던 현장의 생생한 이야기를 엮어 책으로 출간한 것이다. 황 작가는 아르바이트라는 누구나 할 수 있는 경험을 책 쓰기를 통해 자신만의 이야기로 풀어냈다. 그래서 처음 쓴 책으로 베스트셀러 작가가 될 수 있었다. 베스트셀러 작가가 될 수 있는 비결은 '자신만의 경험, 자신만의 지식과 지혜를 자신만의 표현 방식으로 풀어내는 것'이다.

　이 세상은 당신의 독특한 스토리를 원한다. 지금 현실의 무게를 견디지 못해 도피하고 싶은가? 실패를 두려워하여 이제는 행동하기를 주저하고 있는가? 실연당하여 그 사람이 아니면 도저히 살고 싶지 않은 생각이 드는가? 이러한 상황에 놓인 모두에게 책 쓰기를 권한다. 조금만 눈 크게 뜨고 세상을 바라보면 현실의 무게가 가벼워져 살아갈 힘이 생길 것이다. 조금만 관점을 달리하면 떠나간 그 사람보다 더 좋은 사람이 눈에 들어올 것이다. 세상을 바라보는 눈을 갖게 되면, 실패에 당당하게 맞서게 될 용기가 생겨날 것이다.

 꾸준한 노력과 포기할 줄 모르는 도전정신으로 성공한 사람을 소개하고자 한다. 바로 맥시 필러이다. 1966년 그는 36세에 처음으로 캘리포니아주에서 변호사 시험에 응시했다. 그런데 그 시험에서 떨어졌고, 그 후에도 또 떨어지자 로스앤젤레스, 샌디에이고, 리버사이드, 샌프란시스코 등 캘리포니아주에서 변호사 시험이 있는 곳이면 어디든지 달려가 시험을 치렀다. 그는 자녀가 초등학교에 다닐 때부터 변호사 시험에 응시하기 시작하여, 두 아들이 법대를 졸업한 후에도 변호사 시험에 응시했다. 두 아들이 변호사 시험에 통과하여 법률사무소를 차렸을 때, 아들의 법률사무소에서 보조로 일하면서도 계속 시험에 응시했다. 그렇게 시험에 떨어지기를 반복한 결과, 25년 동안 48번의 도전 끝에 61세에 꿈에 그리던 변호사 시험에 합격했다.
 맥시 필러는 변호사 시험을 포기하지 않았던 이유를 다음과 같이 표현했다.

 "저에게 포기란 있을 수 없는 일입니다. 저는 변호사 시험에 반드시 합격할 것이라는 확신을 버리지 않았고, 언젠가는 꼭 합격하리라 믿었습니다. 그래서 포기할 생각은 아예 하지 않았습니다."

그가 변호사 시험에 떨어질 때마다, 그의 아내는 다음 시험에 응시할 지원서를 만들어주며 이렇게 말했다고 한다.

"여보! 이번에는 정말 합격할 뻔했어요. 아쉽네요. 다시 도전해보세요. 다음에는 반드시 합격할 테니까요."

맥시 필러는 아내의 말에 용기를 갖게 되었고, 다시 도전할 힘이 생겼다고 한다. 그는 챌리포니아 주 콤프턴 시에서 현재 흑인 소송 변호사로 활동하고 있다.

누구에게나 놓치고 싶지 않은 꿈이 있고, 간절히 소망하는 인생이 있다. 어떻게 하면 자신의 꿈을 성공으로 이끌 수 있을까? 맥시 필러가 가졌던 도전정신으로 책 쓰기에 도전하라고 말하고 싶다. 지금까지의 살아온 당신만의 독특한 경험과 지혜를 책으로 펴내는 것이다. 생각만 해도 가슴이 뛰지 않는가! 당신의 이름으로 된 책은 이 땅에서 그 누구도 흉내 낼 수 없는 하나뿐인 책이 된다. 『백만장자 메신저』의 저자 브렌든 버처드는 이런 말을 남겼다.

"나 브렌든 버처드가 인생에서 얻은 경험과 지식 하나를 꼽으라면 바로 이것이다. '메신저로 살면 의미 있는 삶과 물질적인 만족, 두 마리 토끼를 모두 잡을 수 있다.' 나는 여러분들에게 이 길을 안내하려 한다. 이제 열정과 목적이 이끄는 충만한 삶을 살고자 길을 찾는 당신을 메신저 산업의 세계에 초대하겠다."

　이 말이 무엇을 뜻하는가? 나는 『백만장자 메신저』를 읽으면서 메신저 산업의 세계에 초대받은 초대권을 내 손에 이미 쥐고 있음을 깨달았다. 그래서 책을 쓰기 시작했고, 이제 두 번째 책을 쓰는 중이다. 이제 내가 당신을 이 메신저 산업의 세계에 초대하려고 한다. 초대에 결단력 하나만 가지고 응하면 된다. 당신도 이미 베스트셀러 작가니까 말이다.

08

저서 한 권이
두 권으로 이어지다

—

평생 살 것처럼 꿈을 꾸어라.

그리고 내일 죽을 것처럼 오늘을 살아라.

– 제임스 딘 –

언니를 생각하면 항상 떠오르는 말이 있다. '형만 한 아우 없다.'이다.
어렸을 때도 그랬지만 지금도 마찬가지다. 집안일에 대해 의논할 때 결
정적인 상황에서 결론을 내리는 것은 대부분 언니이다.

초등 시절, 언니가 공부를 잘했다. 늘 1등을 하는 것이었다. 난 언니가
부러웠다. '어떻게 1등을 계속할 수 있는 거지?' 언니를 관찰해보기로 했
다.

언니는 친구들과 잘 어울려 놀았다. 학교에서 귀가하면 숙제를 꼬박꼬박 챙겨서 했다. 그리고 시험 기간에는 반드시 시험공부를 했다. 이 세 가지다. 언젠가 시험 기간에 언니가 방에서 공부하고 나오면서 이렇게 말했다.

"시험공부 다 했다."

이 말을 듣고 내가 질문했다.

"언니! 공부는 해도 해도 끝이 없는데, 어떻게 공부를 다 했다고 말할 수 있어?"

언니의 대답은 명쾌했다.

"시험 범위를 처음부터 끝까지 쭉 훑어보는 거야. 그리고 내가 다 알면 공부 다 한 거지."

난 언니의 말에 깜짝 놀랐다. '어떻게 다 아는 거지? 당당하게 말하는 언니의 태도가 1등 할 수밖에 없구나!' 생각했다. 이때부터 언니를 닮고 싶어 했고, 언니의 말은 내 마음속에서 법이 되었다.

언니 주변에는 친구들이 많았다.

한번은 시험 기간에 친구들 서너 명이 우리 집에 와서 1등을 하는 언니와 같이 공부하겠다고 책을 들고 왔다. 책만 들고 온 것이 아니라, 양초도 두세 개 가지고 왔다. 그 당시 우리 집은 등잔불을 켜고 있었다. 전기가 들어오는 집에서 사는 언니 친구들은 등잔불 밑에서 공부할 수 없었을 것이다. 나무로 된 둥근 밥상에서 머리를 맞대고 공부하기 시작했다. 촛불을 상 위에 켜놓고 공부하는데, 머리를 푹 숙이고 공부하여 머리카락이 탈까 봐 난 걱정이 되었다. 언니가 공부를 잘하니, 같이 공부하여 성적을 올리고 싶어 온 모양이었다.

그런데, 언니 친구들이 공부하다가 한 명씩 하품하기 시작했다. 그리고 그다음 엎드리기 시작했다. 그런데 언니는 고개를 끄떡하지도 않고 책만 보고 있었다. '아! 언니가 1등 할 수밖에 없었던 것이 바로 저 집중력이었구나!'라는 생각이 들었다. 언니는 등잔불 밑에서 공부하다가 환한 촛불 밑에서 공부하니, 글씨도 잘 보이고 공부하는 것이 얼마나 재미있었을까!

언니가 중학교에 들어갈 때가 되었다. 그 당시 낙동초등학교, 천북초등학교, 사호초등학교, 학성초등학교, 장은초등학교 학생들이 모두 천북중학교에 입학했다. 여러 초등학교 학생들이 모이므로, 언니 실력을 가

늠해볼 좋은 기회였다. 그 당시 시험을 치고 학교에 들어갔기 때문에, 입학시험에서 단번에 실력을 알아볼 수 있었다. '공부 잘하는 언니가 5개교 초등 졸업생들이 모두 모이면 몇 등을 하게 될까?' 많이도 궁금했다. 드디어 입학시험을 치르고, 성적 발표 날짜를 기다리고 있었다. 하루하루가 매우 더디게 갔다. 드디어 성적 발표일이 되었다.

언니가 1등했다는 소식이 들렸다. 아울러 장학생이 되었다고 했다. 가난한 우리 집에서 등록금을 안 내고 학교에 다니게 되었으니, 얼마나 기쁜 소식인가! 1등해서 좋고, 수업료를 내지 않고 학교에 다니게 되어 좋고. 집안에 경사가 난 것이다. 그때를 회상하면 지금도 내가 우쭐해진다. 언니가 1등한 것은 우리 마을에서도 화제였고, 천북중학교에서도 화제였으니까. 선생님들은 언니 이름 석 자 '김선화'를 부르기보다 '장학생'으로 불렀다. 그리고 우리 어머니는 '장학생 어머니'가 되었다. 이때 어머니의 어깨가 얼마나 올라갔을까! 세월이 훌쩍 지나가버린 지금 어머니께 여쭈어보았다.

"5개 초등학교 학생들이 모여 치르는 중학교 입학시험에서 언니가 1등했을 때, 어머니의 기분이 어떠셨어요?"

"가난한 집안에서 중학교도 못 갈 줄 알았는데, 1등했으니 부러울 것 없이 좋더라."

언니는 첫 시험에만 1등한 것이 아니라, 그 후에도 1등을 자주 했다. 경쟁자가 한 명 나타나 1등을 놓칠 때도 있었지만, 대부분 언니가 1등했다. 장학생이라는 단어가 언니를 따라다녔다.

언니가 중학교 3학년이 되었을 때, 내가 중학교에 입학했다. 한번은 내가 교무실 옆으로 지나고 있는데, 한 선생님이 반가운 얼굴로 "너 장학생 동생이구나!"라고 하셨다. 내가 입학한 지 얼마 되지 않아 내 이름은 모르고, 장학생 동생인 사실은 아시는 모양이었다. 언니와 나는 똑같이 닮았으니까. 그 후에도 또 장학생 동생이라고 부르셨다. 난 기분이 좋으면서도 싫었다. 그렇게 내 이름은 '장학생 동생'이 되었다.

언니는 늘 언니다웠다. 공부도 잘할 뿐만 아니라, 배구, 달리기, 그림 그리기, 수 놓기 등 못 하는 것이 없었다. 이렇게 모든 면에서 우수한 언니로부터 인정을 받는다는 것은 나에게는 대단한 일이라고 어렸을 때부터 생각해왔다. 이렇게 공부 잘했던 언니가 나의 첫 개인 저서인 『당신의 삶도 이미 베스트셀러이다』를 단번에 읽어버리고 이렇게 말했다.

" 너 국어 선생 맞더라, 책 잘 썼어."

언니의 이 말 한마디는 내게 큰 선물이었다. 언니에게 책 내용을 보여

주지도 않고 책을 펴내, 언니의 반응이 좀 걱정되었다. 그런데 최고의 말을 해줬으니, 내가 얼마나 기뻤겠는가! 어른이 된 지금도 언니로부터 인정받고 싶어 하는 마음이 내 가슴속에 자리 잡고 있다는 것을 새삼 느끼게 되었다. 하늘을 날 듯이 기뻤다. 이상의 소설 『날개』 끝부분이 생각난다.

"나는 불현듯이 겨드랑이가 가렵다. 나는 걷던 걸음을 멈추고, 그리고 일어나 한 번 이렇게 외쳐 보고 싶었다. 날개야, 다시 돋아라. 날자. 날자. 날자. 한 번만 더 날자꾸나.
한 번만 더 날아 보자꾸나. "

바람이 부는 골목에 서서 내가 겨드랑이를 살짝 추켜올리기만 하면, 붕붕 하늘 위로 날아오를 것만 같았다. 이렇게 언니의 말이 두 번째 저서를 쉽게 쓰게 한 원동력이 되었다.
그리고 한 학부모님도 이런 문자를 보내왔다.

"선생님! 출근하면서 마지막 장까지 다 읽어버렸어요. 선생님 작가 맞으세요. 내용이 아주 훌륭해요. 감동입니다."

이 얼마나 힘이 되는 독후감인가! 학부모님의 이 짧은 문자도 두 번째 저서를 망설이지 않고 출간하는 데 큰 도움이 되었다.

"산을 움직이기 위해서는 작은 돌을 움직이는 것부터 시작된다."

공자의 이 말이 마음에 쏙 든다. 성공은 노력하는 작은 행동에서부터 시작된다. 작가는 매일 써야 할 원고 목표량을 정해 조금씩, 조금씩 채워 나가면 된다. 그러면 몇 개월 후, 원고가 완성되어 출판사에 보내게 된다. 영감이 떠오르지 않아도 괜찮다. 노트북 앞에 앉아서 쓰다 보면, 미처 생각하지 못했던 글감이 떠오르기도 한다. 김우중 씨는 "펜 끝에서 글이 나온다. 글을 쓰고 있어야 좋은 아이디어가 떠오른다."라고 했다. 책쓰기는 매일, 조금씩, 꾸준히 써야 한다. 그리고 하루 중, 어느 때 책을 쓸 것인지 정해놓는 것이 좋다. 새벽 시간이면 더욱 좋다.

"성공은 매일 반복한 작은 노력들의 합이다."

로버트 콜리어의 말이다. 조금씩이라도 매일 반복이 엄청난 양의 결과를 가져온다. A4용지 한 매 또 한 매 채우다 보면, 10매가 되고 50매가되며 100매를 넘겨 120매가 된다. 그래서 한 권의 책으로 나오게 될 것이다.

'시작이 반'이라는 말을 시험문제를 낼 때 내가 자주 사용했었다. 이 말

은 시작하기는 어렵지만, 일단 시작하고 나면 어느새 진도가 나가 있다
는 말이다. 책 쓰기도 마찬가지다. 처음 시작하기가 어렵다. 그런데 한
권을 써보니, 두 권째 쓰기는 쉽다. 세 권째는 더욱 쉬워지리라.

책 쓰기 기획 6단계와 유의점

01

책 쓰기,
기획이 반이다

–

계획을 세우지 않는 것은 실패를 계획하는 것이다.

— 브라이언 트레이시 —

대학 졸업 후, 털실 뜨개질에 푹 빠진 적이 있다. 그 당시 많은 여성이 옷 하나 정도는 뜨개질로 옷을 만들어 입었었다. 스웨터, 망토, 조끼, 모자, 장갑 등 뜨개질 솜씨를 겨누기라도 하듯이, 못 만드는 것이 없을 정도였다. 나도 점점 관심이 가게 되어, 털실로 옷을 떠서 입기로 했다.

조끼를 뜰까? 스웨터를 뜰까? 고민하다가 스웨터를 뜨기로 하고, 털실 가게에 방문했다. 진열된 여러 색상을 보니, 예쁘지 않은 색상이 없었다. 흰색 스웨터를 만들어 입으면 산뜻하고 예쁠 것 같았다. 분홍색 스웨터를 입으면 겨울에 따뜻한 색상이면서 마음까지도 따뜻하게 해줄 것 같았다. 그 옆에 보라색이 눈에 띄었다. 이 색은 지적이면서도 우아해 보일 것 같았다. 그 옆에 검은색은 안정적이면서도 겨울에 부담 없이 잘 입을 것 같았다. 이렇게 여러 색상의 실을 보면서, 다 완성된 스웨터를 입고 거울 앞에 서 있는 내 모습을 상상하게 되었다. 폴 빌라드의 단편소설 『이해의 선물』이 생각났다.

돈이라는 것이 뭔지 몰랐던 네 살배기 아이. 그저 엄마가 무언가를 건네주면, 물건을 받는 것을 보고, 어느 날 사탕 가게에 혼자 가기로 마음을 먹는다. 버찌씨를 통화(通貨) 개념의 교환가치로 생각한 아이, 은박지로 싼 버찌씨를 가지고 위그든 씨의 사탕 가게에 들어간다.

이쪽엔 박하 향기가 나는 납작한 박하사탕(spearmint leaves)이 있다. 저쪽엔 아주 커다란 검드롭스(gumdrops)가 있는데, 깨물기 좋게 말랑말랑하면서 수정 같은 설탕 알갱이로 오톨도톨하게 뒤덮여 있다. 공단 쿠션(satin cushions), 그 셔벳으로 속을 채운 작고 단단한 사각형 사탕도 그냥 지나칠 수 없다. 그리고 쟁반에는 조그만 젤리베이비(jelly babies), 그 뒤에 있는 상자에는 굵직굵직한 곱스토퍼(gobstopper)가 있다. 이 사탕을 입에 넣으면 흐뭇하게 뺨이 불룩해지는 데다, 입 안에서 너무 많이 굴리거나 색이 어떻게 변했는지 보려고 입 밖으로 너무 자주 내지만 않으면 적어도 한 시간 넘게 빨아먹을 수 있다. 단단하게 반들반들하게 짙은 암갈색 설탕옷을 입힌 땅콩도 있다. 감초 과자도 있다. 그것 역시 베어 문 채로 입 안에서 녹여 먹으면, 꽤 오래 우물거리며 먹을 수 있다.

반짝이고 있는 여러 사탕들, 아이는 이 사탕 저 사탕 모두 머릿속으로 실컷 맛보고 나서 버찌씨를 가게 주인에게 건네며 묻는다.

"모자라나요?"

위그든 씨는 돈이 남는다며, 사탕과 함께 거스름돈 2센트까지 건네준다.

가게에서 털실을 보면서 나는 이미 완성된 여러 색상의 스웨터를 입어 보고 있었다. 흰색, 분홍색, 검은색 등 모두 사고 싶을 정도로 예뻤다. 거울 앞에서 실컷 입어 보고, 겨울에 따뜻하면서도 우아해 보이는 보라색 털실을 골라 집으로 왔다. 색상을 한 가지 고르는데도, 쉽지 않았다. 집에 도착하자마자 '스웨터 길이는 어느 정도로 할까? 스웨터는 겉옷이므로 품은 좀 넉넉하게 하는 것이 좋겠지! 몇 코로 시작해야 내 몸집에 좀 넉넉한 스웨터가 될까?' 생각하면서 코바늘로 코를 만들어 허리에 둘러 보았다. 그리고 몇 코 더 늘려, 허릿단부터 뜨기 시작했다.

뜨개질은 잘못된 부분이 있으면 잘못된 그곳까지 실을 풀어서 다시 떠야 하므로 뜨개질은 기획이 매우 중요하다. 특히 허리 밑단 코 수를 적게 계획하면 작은 옷이 만들어지므로, 어린아이의 옷이 돼버린다. 코바늘로 코를 뜰 때 촘촘하게 뜨느냐 또는 느슨하게 뜨느냐에 따라서도 옷의 크기가 달라진다.

이렇게 스웨터를 뜨는 데도 기획이 필요하다. 아니 기획은 분야를 막론하고 모두 필요하다. 그러므로 기획하는 법을 알고 있으면, 살아가는 데 여러 면에서 큰 도움이 된다. 어떤 일을 하고자 좋은 아이디어가 떠오른다고 해도 무조건 실행에 옮겨서는 안 된다. 즉 기획이 선행해야 하기 때문이다. 다이어트를 한다고 해도 기획이 필요하고, 독서를 한다고 해도 기획이 필요하다. 인생을 살아가는 데도 기획이 필요하다.

기획은 특정 분야에만 필요한 것이 아니라 모든 분야에 요구되는 기술로, 책 쓰기에도 필요하다.

당신은 어떤 책을 쓰고 싶은가? 주제는 무엇으로 할까? 책 제목은 무엇으로 할까? 등을 정하는 것이 기획이다. 혹시 책 쓰기에 의욕과 열정에 사로잡혀 기획 없이 무턱대고 초고를 써 내려갔다면, 중도에 포기하는 상황이 벌어질 수도 있다. 그리하여 책 쓰기의 첫 단계인 기획으로 되돌아가고 말 것이다. 혹시 이런 기획 없이 책 쓰기를 완성했다면, 그 책은 단어의 나열일 뿐, 형편없는 책이 되고 말 것이다.

그러면 책 쓰기 기획에 가장 쉽게 접근하는 방법이 무엇일까? 그것은 지금 하는 업무나 취미생활, 일상생활에서 겪은 경험에 접근하는 것이다. 즉 경험에서 얻은 지식, 깨달음, 삶의 노하우, 삶의 철학 등을 바탕으로 퍼스널 브랜딩이 가능한 책을 기획하는 것이다.

자신의 경험을 통해서 얻은 것들을 바탕으로 어떤 장르로 쓸 것인지 정하고, 주제, 콘셉트(제목), 목차, 독자를 정해야 한다. 그리고 하루 중 어느 시간대에 집필할 것인지도 정해야 한다. 새벽과 밤 시간대 중 어느 시간에 책 쓰는 것이 편한가? 요즘 청년들은 늦게 자고 늦게 일어나는 경향이 많다. 이런 사람들은 대부분 밤에 쓸 텐데, 온종일 업무와 다른 일들로 시달렸기 때문에 머리가 맑지 못할 것이다. 이런 피곤한 상태로 노트북 앞에 앉으면 금방 졸음이 쏟아질 것이다. 또한, 가정이 있는 사람이라면 귀가해 가족들과 함께해야 하는 시간도 필요할 것이다.

그러므로 작가로서 새벽형을 추천한다. 새벽 4시 즈음 기상하여 2시간 정도 원고를 쓰고 출근 준비하는 것이 어떨까? 여러 상황을 고려할 때 새벽은 가장 생산적으로 원고를 쓸 수 있는 시간대이다. 그리고 하루 중, 기운이 가장 왕성한 때가 새벽이므로 밤에 쓰는 원고량보다 훨씬 많은 양의 원고를 쓸 수 있다. 그뿐만 아니라, 쓰고자 하는 내용을 놓치지 않고 잘 써 내려갈 수 있다.

글씨체는 무엇으로 하고, 책 한 권을 쓰기 위해서는 원고 분량은 어느 정도일까?

한글 워드에서 바탕 10포인트로 하고, A4용지 110~120매 정도의 원고를 쓰면 된다. 그러면 전체 4장으로 할지, 5장으로 할지 정해야 하는데, 만약 전체 5장 38개의 소제목으로 구성한다면, 소제목 당 2.5매의 원고를 쓸 때 114매가 된다. 계산은 소제목 38개×3매(2.5매가 아님)=114매이다.

1장과 5장은 소제목 7개씩이고, 2장, 3장, 4장은 소제목 8개씩이다. 소제목 하나씩 완성하여 38개의 파일을 합치는 것보다, 각 장으로 나누어 집필하면 편하다.

그러면 5장으로만 꼭 써야 하는가? 그렇지 않다. 책의 내용에 따라 3장으로 쓰기도 하고, 4장으로 쓰기도 한다. 7장으로 쓴 책도 보았다. 소제목의 개수도 1장과 5장은 꼭 7개씩을 해야 하는가? 그렇지 않다. 1장부터 소제목 7개, 8개, 8개, 8개, 7개로 쓰면 균형이 잘 맞는다는 내 개인적인 견해이다.

나의 개인 저서 『당신의 삶도 이미 베스트셀러이다』를 전체 5장 38꼭지로 썼고, 지금 두 번째 저서도 전체 5장 38꼭지를 기획했다.

"계획을 수립하는 데는 일을 성취하는 데 드는 만큼의 노력을 기울여야 한다."

지그 지글라의 말이다. 기획이 얼마나 중요한지를 잘 보여 주는 표현이다. 아무리 대단한 주제에 관해 책을 쓴다고 해도, 기획을 제대로 하지 않았다면 모래 위에 집을 짓는 것과 같다. 원고를 쓰다가 결국은 책 쓰기 첫 단계인 기획으로 되돌아가게 될 것이다.

02

당신은 어떤 책을 쓰고 싶은가

–

결국, 글 쓰는 일의 핵심은 당신의 글을 읽는 이들의 삶과

당신 자신의 삶을 풍성하게 만드는 것이다. 자극하고 발전시키고

극복하게 만드는 것, 행복해지는 것, 그것이 궁극적인 목적이다.

– 스티븐 킹 –

과거에는 작가라고 하면 대부분 '문학가'를 말했다. 즉 시인, 소설가, 극작가, 수필가가 대부분이었다. 즉 자기계발 작가는 존재하지 않았다. 그런데 요즈음은 자기계발서가 많이 출간되면서, 자기계발 작가가 매우 익숙한 호칭이 되었다. 자기계발서도 수필에 속하지만, 자기계발서를 쓴 작가에게 수필가라고 하면 어색할 정도다.

책은 다양한 장르가 있는데 시, 소설, 수필, 희곡, 시나리오, 평론이 있

다. 자기계발서, 여행서, 자녀교육서, 건강서, 학습서, 요리책 등 자신의 경험을 바탕으로 형식이 없이 자유롭게 썼다면 수필에 속한다. 그러나 잡채 만드는 방법, 수정과 만드는 방법에 관해 독자의 이해를 돕기 위해 썼다면 그 요리책은 설명문에 속한다. 당신은 어떤 책을 쓰고 싶은가? 책을 쓰려면 먼저 장르를 정해야 제대로 된 책을 쓸 수 있다.

중ㆍ고등학교 때 문학의 장르에 대해 배워서 알겠지만, 복습하는 의미에서 언급하고자 한다.

먼저 '시'에 대해 말해보라고 한다면, 가장 먼저 떠오르는 것이 무엇인가? 그렇다. 운율이다. 시에는 운율이 있어서 시를 읽게 되면 리듬감이 있다는 것을 알 수 있다. 그리고 시어의 함축성과 이미지이다. 화자의 감정을 함축적인 언어로 표현하기 때문에, 함축적인 시어에 대한 해석이 다양할 수 있다. 시에는 심상, 즉 이미지가 있어 시를 읽을 때 마음속에 떠오르는 사물의 모습이 있고, 소리를 들을 수 있으며, 냄새, 맛 등을 느낄 수 있다.

다음 글은 장르가 무엇일까?

신부는 초록 저고리, 다홍치마로 겨우 귀밑머리만 풀리운 채, 신랑하고 첫날밤을 아직 앉아 있었는데, 신랑이 그만 오줌이 급해져서 냉큼 일어나 달려가는 바람에, 옷자락이 문 돌쩌귀에 걸렸습니다.

산문적 내재율이 있는 시이다. 미당 서정주 시인이 한국 여인의 '매운 절개'를 놀랍도록 담담하고 짧은 이야기체로 엮어놓은 점에 높은 가치가 있다.

다음은 소설(fiction)이다. 소설의 가장 두드러진 특성은 무엇일까? 바로 허구성이다. 현실에서 소재를 취해 이야기를 꾸며 쓰지만, 이것은 작가의 상상력을 통해 가공(架空)한 허구의 이야기이다. 이렇게 소설은 현실에서 실제 일어날 수 있는 사건을 다루고 존재할 만한 인물을 허구의 이야기로 그려낸다. 그러면 소설가가 소설을 왜 쓰는가? 그것은 허구를 통해 인생의 진실과 참된 인간의 모습을 그리기 위해서이다. 삶의 진실을 밝히기 위해 소설가는 소설 속에서 인물, 사건, 배경을 통해 인생의 의미를 진지한 태도로 다루고 있다. 소설은 주로 서술, 대화, 묘사로 기술되는 산문 문학의 대표적 장르이다.

수필은 형식이 없다. 즉 무형식이 형식이다. 인생이나 자연, 일상생활에서의 느낌이나 깨달음을 생각나는 대로 쓰는 산문 형식의 글이다. 수필의 글감은 생활 경험, 자연 관찰, 사회 현상에 대한 새로운 발견이나 느낌 등 무엇이나 다 좋다. 그 소재가 무엇이든지 수필가의 독특한 개성에 따라 쓰면 된다. 수필은 소설이나 희곡처럼, 플롯이나 클라이맥스를 필요로 하지 않는다. 수필가가 쓰고 싶은 대로 쓰는 것이다. 대화문을 써도 되고 풍경 묘사를 해도 되며, 어떤 인물에 관한 이야기를 써도 되고, 감상을 넣어도 된다.

편지, 일기, 자기계발서, 여행서, 경험을 바탕으로 쓴 자녀교육서와 건강서 등이 이에 속한다.

희곡은 무대 상연을 전제로 한 연극의 대본이다. 그래서 시간, 공간, 인물 수에 제약이 있다. 관객의 눈앞에서 현재 사건이 벌어지고 있어 현재진행형의 문학이기도 하다. 그리고 행동과 대사의 문학이다. 배우의 행동과 대사를 통해 사건이 전개되고 주제를 형상화하기 때문이다. 해설, 대사, 지시문의 구성 요소가 있어, 사건을 설명하고 지시하여 진행하게 한다. 또한, 인물 간의 갈등이 시작되고 해소되는 과정인 구성 단계가 있다. 즉 인물과 배경, 갈등의 실마리를 제시하는 발단, 인물 간 대립과 갈등이 고조되는 전개, 갈등의 심화, 긴장감이 조성되는 절정, 갈등의 해소 조짐이 보이는 하강, 갈등이 해소되고 사건이 마무리되는 대단원이다.

시나리오는 스크린에서의 상영을 전제로 한 영화나 드라마의 대본이다. 화면에 의해 표현되므로 촬영을 고려해야 하며, 특수한 시나리오 용어를 사용한다. 인물의 대사와 행동을 통해 사건이 전개되고, 장면의 변화가 자유롭다. 그리고 시간적 · 공간적 배경이나 등장인물 수의 제약이 거의 없다. 시나리오 첫머리에 등장인물, 때와 장소 등을 설명하는 해설, 인물의 성격을 드러내고 사건 진행, 갈등 관계, 작품의 주제를 구현하는 대사, 인물의 표정이나 동작, 카메라 위치, 필름 편집 기술 등을 지시하는 지시문이 있다.

평론(評論) 또는 논평(論評)은 사회 전 분야에 대해 평가하는 작업을 말한다. 문학을 비롯한 예술 작품, 문화 현상, 상품 등 평론의 대상에는 제한이 없다. 평론하는 사람을 평론가(評論家)라고 하며, 평론을 모아서 만든 책을 평론집이라고 한다.

학습서는 배우는 데 참고가 될 수 있도록 쓴 책으로 영어 학습서, 일본어 학습서, 요리책 등이 있다. 자신의 학습 경험을 바탕으로 학습 방법의 깨달음이나 느낌을 생각나는 대로 썼다면 수필이고, 학습 이해를 돕기 위해 설명했다면 설명문에 속한다. 약 사용법, 세탁기 사용법, 전자레인지 사용법 등은 모두 설명문에 속한다.

나의 첫 개인 저서 『당신의 삶도 이미 베스트셀러이다』는 자기계발서이다. 이 책의 장르는 전체적으로 수필이다. 동시를 몇 편 실었다고 해서 동시집이라고 할 수 없다. 중간에 대화문을 써도 되고, 풍경 묘사를 해도 되며, 어떤 인물에 관한 이야기를 써도 된다. 형식에 구애받지 않고 작가가 쓰고 싶은 대로 쓰는 것이 수필이다.

이제 당신이 어떤 책을 쓸 것인지 정했을 것이다. 당신의 경험, 지식, 삶의 노하우, 철학이 담긴 책을, 당신이 쓰고 싶은 대로 쓰는 수필을 쓰게 될 것이다. 그동안 어떻게 살아왔으며, 현재 어떻게 살고 있으며, 앞으로 어떠한 꿈을 향해 달려갈 것인지에 대해 쓰게 될 것이다. 이렇게 자신의 재능이 계발되고 자신이 성장하게 되는 글을 쓰게 된다면 자기계발서를 쓰는 것이다.

요즈음 작가들이 자기계발서를 많이 쓰고 있다. 정소장 작가는 자신의 경험을 바탕으로 하여, 바쁜 직장인이라도 바로 실천할 수 있는 현실적인 독서법에 대해『몸값 높이는 독서의 기술』을 썼다. 박종찬 작가는 세계 여행에서 무엇이든 할 수 있다는 자신감을 얻었다는 내용으로『10년 동안 24개국을 여행하며 깨달은 것들』이라는 제목으로 썼다. 이은지 작가는『여자아이 강하게 키우기』를 썼고, 양현진 작가는『아빠 육아 공부』를 썼다. 또 정소령 작가는『엄마 육아 공부』를 썼다. 이렇게 육아 관련 책이 쏟아져 나오고 있다. 나 또한 육아 관련 책도 쓰고 싶다.

"성공한 사람이 될 수 있는데, 왜 평범한 이에 머무르려 하는가!"

베르톨트 브레히트의 말이다. 당신이 어느 방면에 성공하고 싶은지는 모르겠으나, 책 쓰기를 통해 성공할 수 있다. 지금 책 쓰기 기획에 들어가길 바란다. 한 권의 책을 씀으로써, 자신의 삶에서 새 시대를 보게 될 것이다.

독자와 소통하는
주제를 찾아라

—

양서는 처음 읽을 때는 새 친구를 얻은 것 같고,

전에 정독한 책을 다시 읽을 때는 옛 친구를 만나는 것 같다.

— 골드 스미스

주제를 정하는 가장 좋은 방법은 무엇일까? 자신이 현재 몸담고 있는 곳에서 하는 일과 연관 짓는 것이다. 즉 직장인들은 자신의 전문 분야에 관해 책을 쓰는 것이 가장 잘 쓸 수 있다는 말이다. 자신의 업무를 바탕으로 책을 쓰면 내용을 더욱 풍성하게 할 수 있고, 전문성을 나타낼 수 있기 때문이다. 또한, 자신의 취미와 관련된 주제로 책을 쓰는 것도 좋다. 독자들에게 필요한 정보 즉 경험, 지식, 철학, 삶의 노하우를 알리면서 자신을 브랜딩할 수 있기 때문이다.

책 쓰기는 글쓰기와는 다르다. 셰익스피어나 조정래 작가처럼 명문을 쓰는 글쓰기가 아니다. 책 쓰기는 자신이 겪은 경험을 바탕으로 자기의 생각, 삶의 노하우 등 자신만의 스토리를 담는 것이다.

창의경영연구소 조관일 소장은 전에 농협 직원으로 근무하면서 채권 관리의 업무를 맡았다고 한다. 일에 열정이 있었던 그는 '어떻게 하면 채무자들을 설득해서 채권을 회수할 수 있을까?' 하고 고민하면서 채권 회수 방법을 연구하게 되었다. 그래서 채권 관리에 관한 책을 쓰려던 중, 농협 연수원으로 발령을 받아 직원들을 상대로 고객 응대법을 가르치기 시작했다고 한다.

하루는 저자의 강연을 참관한 농협 연수원 원장이 그를 불러 이렇게 제안했다. 강연 내용을 책으로 펴내면 어떻겠냐는 제안이다. 그렇게 해서 쓰게 된 조관일 씨의 첫 개인 저서가 『손님 잘 모십시다』라고 한다. 그 이후, 그의 저서가 고객 응대에 관한 사내 매뉴얼의 근간이 되었고, 첫 책을 출간한 이후, 일상에 변화가 생기기 시작했다고 한다. 저서가 농협 중앙회 회장에게까지 알려지게 된 것이다. 그래서 당시 춘천에서 근무하던 그에게 서울 중앙회 전 직원을 대상으로 교육하라는 지시가 떨어졌다. 그렇게 하여 중앙회 직원들을 대상으로 교육하는 것을 시작으로 하여 지방에서 서울로 입성하게 되었고, 과장으로까지 승진했다는 것이다. 조관일 씨는 그 당시를 다음과 같이 회상했다.

첫 책을 서비스에 대한 주제로 쓰지 않았다면 농협에서 퇴출당했을 것이라고 했다. 농협에서 필요로 하는 서비스, 즉 친절에 관해 책을 썼기 때문에, 그 분야에서 능력을 인정받았다는 것이다. 아울러 직장에서 아낌을 받는 바람에 빨리 승진도 했다고 한다. 그래서 직장인들이 지금 있는 곳에서 남다른 세계를 만들어야 한다고 말했다. '내가 이런 사람이다'라고 내보일 수 있는 것 중의 하나가 책 쓰기라고 하면서 책 쓰기를 권했다.

이렇게 조관일 씨는 고객 응대에 관한 첫 책을 출간한 이후, 30여 권의 책을 계속 출간하면서 저술과 강연 활동을 하고 있다. 조관일 창의경영 연구소 소장은 자신의 또 다른 책『탁구영의 책 한 권 쓰기』저자 강연회에서 이렇게 말했다.

책을 쓰겠다고 목표를 세우면, 사물을 보는 눈이 달라진다고 했다. 즉 사물을 보는 것에서부터 업무를 보는 것, 책을 보는 자세가 전과는 매우 달라진다고 한다. 회사 기획팀에서 근무하는 사람이 '기업을 기획 관리하는 책으로는 내 것을 능가할 수 없는 대작 하나를 남기고 직장생활을 그만두겠다.'라고 목표를 세우게 되면, 기획에 관한 모든 자료를 다 모으게 된다는 것이다. 조관일 소장은 실제 화술에 관한 책을 쓰겠다고 목표를 세우니, 대통령의 기념사를 다 모으게 되었다고 한다.

작가는 자신이 근무하는 그룹 아니면 세상이 원하는 것을 보여줄 수 있는 사람이어야 한다. 즉 이 세상을 움직이는, 감성을 자극할 수 있는 스토리와 이미지를 끌어낼 수 있는 사람이어야 한다. 책 쓰기에서 중요한 것은 무엇보다도 독자와의 공감이다. 작가는 자신의 저서를 통해 독자들이 얼마나 자극받고 공감하고 있는가가 중요하다.

나는 33년 된 현직 교사로서 '첫 개인 저서를 어떠한 내용으로 쓸까?' 하고 많이 고민했었다. 결론은 나의 첫 책이니만큼 '나를 알리자'라고 생각했다. 그래서 출생과 성장, 학창 시절 가난과의 싸움, 중등 국어 교사로서 교직 생활에 대한 회상과 보람을 썼다. 그리고 동시인 등단, 여러 시련을 겪으면서 고통은 있어도 절망은 없다는 깨달음, 인생은 퍼즐과도 같으며 하나님의 계획 안에 있다는 깨달음, 산다는 것은 그 자체가 축복이며 훌륭한 인생 교과서를 만들어가는 과정임을 책 속에 담았다. 또한, 그동안 몰랐던 책 쓰기의 8가지 유익한 점을 통해, 인생을 바꾸고 싶다면 자신의 책을 쓸 것을 이야기했다. 아울러 한 번뿐인 인생에서 책 쓰기는 선택이 아니라 필수임을 강조하고, 책 쓰기 절차를 담았으며, 마지막은 작가의 꿈을 꾸는 이들에게 보내는 편지로 마무리했다.

은퇴를 앞두고, '인생 제2막을 위해 준비해야겠다.'라고 생각하고 책 쓰기를 시작한 것이다.

직장에 다니면서 책을 썼기 때문에, 책 쓰기가 그리 쉽지 않았다. 새벽 3시 30분에서 4시 사이에 일어나 약 2시간 동안 책을 쓰고 출근 준비했다. 그리고 주말에는 토요일 저녁부터 일요일까지 집중하여 원고를 집필했다. 이렇게 직장인으로서 시간과 싸워 이겨내고, 하루하루 써낸 원고가 책으로 출간될 수 있었다. 생각이 떠올라 쓰는 것이 아니라, 쓰기 때문에 생각이 떠오르는 날도 있었다. 계획된 시간에 노트북 앞에 앉아 자판을 두드리다 보면, 갑자기 좋은 글감이 떠올라 그다음 내용을 잇곤 했다.

기획의 달인으로 불리는 하우석 교수의 저서에는 『내 인생 5년 후』, 『기획 천재가 된 홍대리』, 『하우석의 100억짜리 기획노트』 등이 있다. 이 중에 『기획 천재가 된 홍대리』의 경우, 처음 구상에서부터 출간까지 걸린 시간이 약 8개월 정도라고 한다. 이 말은 많이 고민하여 구상하고 원고를 썼다는 말이다. 이 책이 2004년에 출간된 이후로 지금까지 '기획 분야의 가장 쉽고 탄탄한 입문서'로 인정받으며, 10만 부 이상 판매되었다고 한다.

이 책은 기획의 '기' 자도 모르던 홍대리가 어느 날 기획마케팅부로 발령받아 좌충우돌하며 기획의 노하우를 터득하는 과정을 재미있는 소설로 그린 책이다. 이 소설은 독자 자신이 홍대리로 착각할 만큼 공감력이 있는 스토리라고 한다. 마치 홍대리가 자신인 것처럼 몰입하게 만들고,

홍대리에게 주어진 기획의 미션을 풀기 위해 자신도 모르게 집중하게 만드는 책이다.

책을 써본 경험이 있는 사람은 무엇을 쓸 것인가에 대해 많이 고민하고 책 쓰기를 시작한다. 그러면 이렇게 고민한 결과, 어떤 결론을 내리게 될까? 바로 자신이 현재 근무하고 있는 곳에서 겪은 전문 분야에 관해 쓰기로 결론을 내리는 것이다. 조관일 씨, 하우석 교수도 자신의 전문 분야에 관한 지식과 경험, 삶의 노하우, 철학 등에 관한 책을 쓰고 자신의 인생을 브랜딩하게 되었다.

당신은 무엇을 쓰려고 하는가? 길게 고민할 필요 없다. 자신이 현재 몸담은 직장에서 자신의 업무를 통한 깨달음, 직장생활의 노하우 등을 쓰면 된다. 자신이 현재 일하고 있는 분야가 자신의 전문 분야가 아니라면, 자신이 가장 잘하는 일에 대해 고민하고 쓰길 바란다. 자신이 가장 잘하는 분야에 대해 어떻게 잘하게 되었는지 노하우를 쓰게 된다면 가장 힘 있고 설득력 있게 독자들의 마음을 자극하고 공감하게 할 것이다.

작가는 이 세상을 움직이는, 감성을 자극할 수 있는 스토리와 이미지를 끌어낼 수 있으면 된다. 당신도 독자의 감성을 자극할 수 있는 베스트셀러의 스토리를 가지고 있으므로, 이미 베스트셀러 작가이다. 지금 책 쓰기 시작하기만 하면 된다. 놀런 부시넬은 이런 말을 남겼다.

"가장 중요한 것은 당장 자리에서 일어나서 무언가를 하는 것이다."

지금 자리에서 일어나 노트북 앞에 앉길 바란다. 자신의 경험, 철학, 삶의 노하우를 자신만의 색깔로 써서 독자들에게 삶의 자극을 주기 바란다. 당신에게 고마워할 것이다.

책 제목이
당신을 브랜딩한다

—

사람은 책을 만들고, 책은 사람을 만든다.

− 신용호 −

자신을 브랜딩하는 책 제목을 정하기 위해 얼마나 고민하면 될까? 고민하고 또 고민하여 정한 제목을 몇 번이나 또 고쳐야 책으로 나오게 될까? 작가는 '이보다 더 나은 책 제목은 없을 거야!'라고 생각될 때까지 고민하고, 출판사로 원고를 보낸다. 나 또한 '가제'를 몇 번이나 바꾸었다. 작가가 원고를 쓰고 제목을 정하여 출판사로 보내지만, 책 제목의 최종 결정은 출판사이다. 그래서 작가가 출판사로 보낼 때의 제목을 임시 제목인 '가제'라고 한다. 가제(假題)는 가제목(假題目)을 줄인 말인데, 책,

영화, 게임, 음반 등의 대중 매체가 발매되기 전에 정해지는 임시 제목을 뜻한다. 가제가 그대로 확정되는 일도 있지만, 바뀌어서 나오는 일도 있다. 제목 정하기를 '콘셉트 정하기'라고도 한다.

'콘셉트(concept)'는 국어사전에 '어떤 작품이나 제품, 공연, 행사 따위에서 나타내려고 하는 주된 생각'이라고 쓰여 있다. 그러므로 '책 제목'이 바로 '콘셉트'다. 콘셉트는 책 쓰기에서 매우 중요하기 때문에 출판사에서 편집자들은 제목 짓기가 가장 힘들다고 말한다.

어떤 편집자는 이렇게 말했다.

"제목에 따라 그 책의 성패가 좌우된다고 해도 과언이 아니에요. 그래서 출판사들은 독자들의 눈길을 사로잡을 수 있는 제목을 짓기 위해 전쟁을 벌이고 있죠. 책의 콘텐츠가 아무리 뛰어나다고 해도 제목이 별로라면 독자가 그 책을 펴보지 않아요. 그러면 그 책은 얼마 지나지 않아 사장되고 말죠. '내 아이의 이름을 지을 때 이렇게 정성을 들일 수 있을까?' 책 제목을 정할 때마다 드는 생각입니다."

이렇게 제목 짓기가 힘들다 보니, 제목을 잘 짓는 편집자가 출판사에서는 유능한 직원으로 인정받는다. 사람들이 책을 고를 때 가장 먼저 시선이 가는 곳이 '제목'이기 때문이다. 그래서 책 제목은 최고의 마케팅 수단으로, 출판사에서는 인쇄 직전까지 고민하게 된다.

제목 짓기에 관해 일화가 있다.

베스트셀러 『칭찬은 고래도 춤추게 한다』는 처음에는 다른 제목이었다. 켄 블랜차드의 저서인 이 책의 원제는 『Whale Done』으로, 국내에 번역서로 들어왔을 때의 제목은 『You Excellent』였다. 이 제목은 '잘했다'라는 의미 'well done'이다. 실제로 미국 플로리다 씨월드의 조련사들이 난폭한 범고래와 친구가 되어 멋진 쇼를 펼치는 모습에서 칭찬의 위력에 착안해내어 제목을 지었다고 한다. 그리고 'well done'의 의미를 살리려고, 처음 번역서가 『You Excellent』로 출간된 것이다. 그런데 예상외로 판매가 부진했다. 이 책의 번역을 맡은 한국블랜차드컨설팅 조천제 대표는 이렇게 말했다.

"책이 나오고 나서 책에 대한 반응이 신통치 않아 제목을 바꾸어야겠다고 생각했다."

이렇게 하여 제목이 바뀌어 출간된 책이 바로 『칭찬은 고래도 춤추게 한다』이다. 이 외에도 제목을 변경하여 베스트셀러가 된 책들이 있다. 필립 체스터필드의 『인생 교훈』을 『내 아들아 너는 인생을 이렇게 살아라』로 변경했고, 파울로 코엘료의 『꿈을 찾아 떠나는 양치기 소년』을 『연금술사』로 변경했으며, 무라카미 하루키의 『노르웨이의 숲』을 『상실의 시대』로 변경했다.

이렇게 책 제목은 최고의 마케팅 수단이 되고 있다. 그래서 베스트셀러는 바로 콘셉트가 좋은 책이다. 책을 펴보기 전에 제목만 보아도 이 책이 무엇을 말하려는지 알 수 있는 책이다. 서울대학교 김난도 교수의 『아프니까 청춘이다』는 출간된 지 1년도 되지 않아 100만 부가 넘게 팔린 베스트셀러가 되었다. 청춘들에게 따뜻한 마음의 위로를 건네주는 제목처럼, 격려와 희망의 메시지가 이 책의 확실한 콘셉트다.

나의 첫 개인 저서 『당신의 삶도 이미 베스트셀러이다』는 다음과 같은 과정을 거쳐 제목으로 정하게 되었다.

처음 '가제(임시 제목)'는 『시련이 나를 더욱 단단하게 만들다』였다. 책 제목에 '시련'이라는 단어가 들어가다 보니, 장제목에도 '시련'이라는 단어를 넣을 수밖에 없었다. 그래서 1장에서부터 3장까지 장제목마다 '시련'을 넣어 만들었다. 그리고 소제목에도 '시련'을 넣어 몇 개 만들었다.

그런데 이 '시련'이라는 단어를 쓸 때마다 시련을 겪는 느낌이었다. 내가 지금까지 살아오면서 고생은 좀 했지만, 시련을 겪었다고는 할 수 없었다. '부모님 모두 살아 계시고, 형제자매 무고하고, 우리 가족 모두 잘 살고 있으니, 무엇이 시련이라고 할 수 있는가!'라는 생각에 이르렀다. 그래서 '가제'를 바꾸기로 했다. 『책 쓰기로 가슴 뛰는 삶을 시작하다』이다.

이렇게 '가제'를 바꾸니, 처음 책 쓰기로 했을 때 뛰었던 가슴이 다시 뛰기 시작했다. '언어'라는 것이 굉장한 힘을 가지고 있다는 것을 이때 다시 한번 깨닫게 되었다. 롱펠로우의 다음 말이 '언어의 힘'을 잘 설명해주고 있다.

"내뱉는 말은 상대방의 가슴 속에 수십 년 동안 화살처럼 꽂혀 있다."

제목을 정할 때의 유의사항으로써, 제목을 보고 가슴이 뛰고 설레면 제목을 잘 지은 것이다. 제목을 볼 때마다 원고를 쓰고 싶은 생각이 들면, 제목을 잘 지은 것이다. 지금의 제목보다 더 나은 제목이 없다는 생각이 들면 제목을 잘 지은 것이다. 출판사에 원고를 보냈을 때, 출판사에서도 좋아할 것으로 생각이 들면, 제목을 잘 지은 것이다.

'가제'를 바꾸니, 장 제목도 몇 단어 바꾸게 되고, 소제목도 연달아 몇 단어 바꾸게 되었다. 이렇게 '가제'를 바꾸어, A4용지 117매를 3개월 만에 썼다. 첫 단추를 잘못 끼워, 다시 첫 단추부터 끼워 내려간 느낌이었지만, '제목' 정하기 공부는 제대로 한 셈이다.

『책 쓰기로 가슴 뛰는 삶을 시작하다』라는 가제로, 초고 완성을 마쳤다. 그리고 출판사에 보내어 출판 계약이 성사되었다. 얼마나 기쁘던지 하늘을 날 것 같은 기분이었다. 그런데, 내 책이 세상에 나온다고 생각하니, 퇴고를 더 해야겠다는 생각이 들었다. 출판사 대표님에게 퇴고할 시간 1개월을 달라고 하여 원고를 고치면서 '가제'를 또 바꾸었다. 『책 쓰기가 왜 가슴 뛰게 하는지 나는 아네』이다. 이 가제는 2장 네 번째 꼭지 제목인 '최고의 인생은 격한 시련으로 탄생한다'에서 오프라 윈프리에 대한 삶을 얘기하는 부분에서 마야 안젤루 작품 『새장에 갇힌 새가 왜 노래하는지 나는 아네』를 모방한 것이다.

그다음, 계속 퇴고하면서 5장 4꼭지에 쓴 소제목인 '당신의 삶은 이미 베스트셀러이다'가 낫겠다는 생각이 들어 또 바꾸게 되었다. 그리고 의미를 한정 짓는 보조사 '은'보다 '어떤 것을 포함하여 그 위에 더함'의 의미가 있는 '도'가 훨씬 낫겠다는 생각에, 다음과 같이 최종적으로 책 제목을 정하게 된 것이다. 『당신의 삶도 이미 베스트셀러이다』이다. 이렇게 제목을 바꾼 것에 대해 출판사에서도 좋다는 평을 받아, 나의 첫 개인 저서가 탄생한 것이다.

책 제목을 더욱 쉽게 만드는 방법은 온라인 서점이나 오프라인 서점에서 이미 출간된 책 제목과 목차, 서점에서의 서평과 독자의 리뷰 등의 탐색을 통해 모방이나 창조를 통해 만들 수 있다. 특별히 경쟁 도서의 제목이나 목차를 잘 살펴보길 바란다. 꼼꼼하게 살펴보면 힌트를 얻게 될 것이다.

책 제목은 나의 인생을 브랜딩해주었다. 독자들이 나를 만나면 '당신의 삶도 이미 베스트셀러이다'라고 말한다. 그럼 나도 독자에게 '당신의 삶도 이미 베스트셀러입니다.'라고 답변한다. 우리는 모두 베스트셀러의 삶을 살고 있다. 이 땅에 사는 사람들 모두는 개인 고유의 삶을 살고 있기 때문이다. 각자의 삶을 책으로 펴낸다면, 모두 베스트셀러가 될 수 있다. 당신의 삶도 이미 베스트셀러이다.

05

세련된 목차는
어떻게 만드는가

—

인간은 한 권의 책을 쓰기 위해 도서관을 절반 이상 뒤진다.

– J. 보즈웰 –

독자들은 책을 살 때, 제일 먼저 책의 제목을 보고, 그다음 목차를 읽게 된다. 목차를 보면 작가가 무엇을 쓰고자 했는지 한눈에 알아볼 수 있기 때문이다. 따라서 작가는 제목의 내용을 잘 나타낼 수 있도록 효과 있으면서도 세련된 목차로 구성해야 한다.

목차가 제대로 구성되어 있으면 작가는 집필하기가 매우 쉬워진다. 왜냐하면, 목차가 콘셉트의 방향을 잡아주기 때문에, 책을 쓸 때 곁길로 새지 않게 한다. 이렇게 책의 뼈대가 목차이므로, 목차를 정했다면 책 쓰기의 절반은 이루어졌다고 말할 수 있다.

각 장의 내용을 어떻게 시작하고 전개해야 할까?

5장으로 쓸 경우, 1장은 주제에 관한 문제 제기, 그리고 이 책을 왜 쓰려고 하는지에 대한 작가의 관점을 쓴다. 2장은 1장에서 문제 제기한 것에 대해 독자가 왜 이 책을 읽어야 하는지, 독자의 관점에서 쓴다. 3장은 주제에 관한 문제점(폐해), 또는 유익한 점에 관해 쓰고, 4장은 문제점을 해결하는 해법이나 대안 등을 제시한다. 5장은 모든 장을 아우르는 장으로, 작가가 말하고자 하는 핵심 내용을 정리하여 쓴다.

위에 기술한 것은 일반적인 책 쓰기의 전개 방식으로, 책의 주제에 따라, 그리고 장제목의 개수에 따라 작가가 융통성 있게 쓰면 된다.

목차를 정하려면 먼저 가제(임시 제목)가 있어야 한다. 나의 책 쓰기 첫 가제는 『시련은 나를 더 단단하게 만든다』였다. 나는 장제목을 짓기 위해 온라인, 오프라인 서점에서 책 제목이나 목차, 명언, 책 내용을 살펴보았다. 그리고 모방하고 창조해내기 시작했다. 1장의 장제목 '시련은 있어도 절망은 없다'는 고 정주영 씨의 저서 『시련은 있어도 실패는 없다』에서 모방한 것이다. 2~4장은 창조, 5장은 어느 책 내용 중 한 구절이다.

1장 시련은 있어도 절망은 없다

2장 시련은 훌륭한 인생 교과서이다

3장 시련이 가져다주는 또 다른 축복들

4장 그동안 몰랐던 책 쓰기의 8가지 유익

5장 인생을 바꾸고 싶다면 당신의 책을 써라

다음은 소제목 만들기이다. 소제목은 장제목의 의미와 긴밀하게 연결되도록 통일성 있게 만들어야 한다. 소제목도 장제목을 만들었던 방법으로 하여 아래와 같이 목차를 완성했다.

1장 시련은 있어도 절망은 없다

01 시련으로 시작된 내 인생

02 내 인생도 8할이 바람이다

03 성격이 인생을 만든다

04 엄마 인생이 곧 나의 인생

05 내가 아픈지도 모르고 살았다

06 시련은 있어도 절망은 없다

07 힘들 때마다 이렇게 극복해냈다

08 내 인생을 바꿔 준 가슴 뛰는 말 한마디

장제목과 소제목을 이렇게 정하고, 제1장의 첫 소제목인 '시련은 있어도 절망은 없다'를 쓰기 시작했다. 그런데, 글이 잘 써지지 않았다. 가족이 모두 무고하니, '시련'을 겪었다고는 할 수 없기 때문이다. 그래서 가제 『시련이 나를 더욱 단단하게 만들다』를 『책 쓰기로 가슴 뛰는 삶을 시작하다』로 바꾸고, 장제목과 소제목도 잇따라 몇 개 바꾸면서 소제목의 순서도 바꾸었다. 그리고 1장과 5장의 소제목 하나씩을 삭제해 7개의 소제목으로 만들었다.

이렇게 하여 책을 쓰기 시작하니, 순조롭게 써 내려갈 수 있었다. 첫 '가제'는 내 몸에 맞지 않는 옷을 입고 여행길을 나선 느낌이었다. 감당해 내지 못하는 '제목'과 '목차'라면 빨리 정정하는 것이 좋다. 정정하는 시간이 빠를수록 시간 낭비를 줄일 수 있기 때문이다. 가제를 변경하면서 장제목과 소제목에서도 단어를 변경했다.

1장 고통(시련)은 있어도 절망은 없다

01 내 인생을 바꿔준 가슴 뛰는 말 한마디

02 고통(시련)으로 시작된 내 인생

03 엄마의 아픔은(인생이) 곧 나의 아픔(인생)

04 내 인생도 8할이 바람이다

05 고통(시련)은 있어도 절망은 없다

06 성격이 인생을 만든다

07 힘들 때마다 이렇게 극복했다

2장 산다는 것(시련)**은 훌륭한 인생교과서**를 만드는 것(이다)

01 영혼은 사랑으로 성장한다

02 난 엄마처럼 살지 않겠다

03 시련이 날 '시인'으로 만들다

04 최고의 인생은 격한 시련으로 탄생한다

05 비바람이 거셀수록 꽃은 향기롭다

06 머뭇거리기에는 인생이 너무 짧다

07 꿈을 놓지 않는 한 인생은(시련도) 아름답다

08 성공한 인생은 시련도 아름답다

3장 삶이(시련이) **가져다주는** 축복들(또 다른 축복들)

01 나를(시련이 나를) 도전하게 만들다

02 삶은 아픈 만큼 성숙한다

03 간절하면 꿈은 이루어진다

04 나도 '동시인'으로 등단하다

05 내가 누군가에게 희망이고 꽃이다

06 하나님이 계획한 타이밍을 깨닫다

07 시련은 변형된 축복으로 나타난다

다음은 목차 만들 때의 요령이다.

첫째, 온라인 서점에서 경쟁 도서 및 관련 도서의 목차를 출력하여, 목차의 흐름을 익힌다.

둘째, 각 장제목과 소제목으로 쓸 수 있는 문장을 선별하여 모방하고 창조해낸다.

셋째, 유명인의 명언을 장제목이나 소제목으로 활용해도 좋다.

넷째, 각 장이 구별되도록 만들되, 콘셉트에 유기적으로 연결되어 있어야 한다.

다섯째, 글감을 생각하면서 목차를 만드는 것이 아니라, 목차를 먼저 완성한 후, 목차에 맞는 글감을 찾는다.

여섯째, 목차 완성이 어렵다고 제목을 바꾸지 않는다.

일곱째, 장제목과 소제목의 글자 수는 25자를 넘기지 말아야 한다.

여덟째, 각 장제목과 각 소제목은 작가가 무엇을 말하고자 하는지, 한눈에 알아볼 수 있도록 만들어야 한다.

아홉째, 장제목은 소제목으로 중복해서 써도 된다.

열째, 각 장의 소제목은 독자들이 쉽게 이해하며 읽을 수 있도록 배치한다.

책을 쓰는 것은 집을 짓는 것과 같고, 목차를 정하는 것은 집의 실계도면을 그리는 것과 같다. 집을 지을 때 설계도면이 매우 중요하듯이, 책을 쓸 때도 목차가 매우 중요하다. 목차를 정했다면 책 쓰기의 절반을 했다고 말할 정도로, 책 쓰기에서 목차 정하기의 비중이 매우 크다.

06

책 쓰기 전,
경쟁 도서를 분석하라

—

오늘의 나를 있게 한 것은 우리 마을 도서관이었다.
하버드 졸업장보다 소중한 것은 독서하는 습관이다.

– 빌 게이츠 –

지피지기(知彼知己)이면 백전백승(百戰百勝)이라는 말이 있다. 상대방을 알고 나를 알면 백 번 싸워도 백 번 이긴다는 말인데, 이 말은 본디 없던 말이다. 본말은 지피지기이면 백전불태(知彼知己百戰不殆)이다. '상대를 알고 나를 알면 백 번 싸워도 위태롭지 않다.'라는 뜻이다. 즉, '상대편과 나의 약점 및 강점을 충분히 알고 승산이 있다고 생각될 때 싸움에 임하면 이길 수 있다.'라는 말이다.

책 쓰기도 마찬가지다. 경쟁 도서를 분석해야 경쟁 도서보다 훨씬 업그레이드된 책을 쓸 수 있게 된다.

베스트셀러 작가 이지성 씨는 초등학교 교사였다. 그 당시 경제적으로 매우 힘든 시기에 있었다고 한다. 그런데 집필한 책이 베스트셀러가 되면서 경제적인 안정을 찾아 집필 활동에만 전념하게 되었다고 한다. 저서『꿈꾸는 다락방』,『여자라면 힐러리처럼』이 엄청난 인기를 끌었고, 이어 쓴『리딩으로 리드하라』가 히트작이 되면서 베스트셀러 작가 대열에 들어섰다고 한다.

이지성 작가는『리딩으로 리드하라』를 쓰기 위해 100여 권의 경쟁 도서를 분석했다는 말이 있다. 이 말은 베스트셀러를 쓰는 비결이 경쟁 도서 분석에 있다는 말이기도 하다. 경쟁 도서 분석을 통해 현재 독자들이 어떠한 트랜드를 원하고 있는지 알 수 있게 된다. 그래서 작가는 경쟁 도서를 반드시 분석하고 책을 써야 독자로부터 호응을 얻을 수 있다. 독자들이 어떤 부분을 알고 싶어 하는지, 무엇으로 위로받고 싶어 하는지를 작가는 알아야 한다.

그러면 초보 작가들은 경쟁 도서 몇 권 정도를 읽고 책을 쓰기 시작하면 좋을까? 작가마다 다르다고 생각한다. 그동안 꾸준히 독서를 한 사람과 그렇지 않은 사람은 다르다. 그동안 인생 경험을 풍부하게 한 사람과 그렇지 않은 사람은 다르다. 이렇게 각자가 살아온 경험에 따라 다르겠지만, 그래도 초보 작가라면 기본적으로 20권 정도는 경쟁 도서를 읽고 책을 쓰라고 권하고 싶다.

　나는 20여 권을 읽고 책을 쓰기 시작한 것은 아니다. 책을 쓰면서 독서를 병행했다. 책을 쓰다 보면 책을 읽게 되었고, 책을 읽다 보면 책을 쓰게 되었다. 책을 쓰면서 과거에 읽었던 책을 다시 읽게 되었고, 최근 출간된 책을 사서 읽기도 했다. 작가가 되니, 이렇게 책을 늘 가까이하면서 경쟁 도서를 분석하게 되었다.

　책을 쓰기 시작하면서, 나처럼 책을 쓰고 싶어 하는 사람들에게 책 쓰기 코칭을 해야겠다는 생각이 들었다. 실제 내 책을 읽고 책 쓰기를 하고 싶다는 사람을 몇 만났다. 나더러 책 쓰기 코칭을 해달라는 것이다. 그러다 보니, 책 쓰기에 관심이 많았던 나는 책 쓰기에 관한 책을 더 읽게 되었고, 이렇게 책 쓰기 관련 책을 쓰게 되었다.

　책 쓰기 관련 책들이 많이 있었다. 김태광의 저서 『이젠 책 쓰기가 답이다』, 김병완의 저서 『누구나 작가가 되는 책 쓰기 혁명의 시대』, 장강명의 『책 한번 써봅시다』, 조영석의 『무기가 되는 책 쓰기』 등이다. 책을 쓰려면 자신이 쓰고자 하는 장르와 주제, 그리고 독자층 관련 경쟁 도서 분석 목록을 만들어야 한다.

초등학생 자녀 교육서를 쓰고 싶다면, 어린아이들에 관해 쓴 도서를 읽으면서 콘텐츠를 분석하면 좋다. 예를 들어 정지은, 김민태 공저『아이의 자존감』, 진경혜의『보통 엄마의 천재 아이 교육법』, 노경선의『아이를 잘 키운다는 것』, 이미은의『내 아이의 진짜 속마음 알기』, 포 브론슨, 애쉴리 메리먼 공저『양육쇼크』, 홍수현의『생각하는 아이, 기다리는 엄마』 등 아이에 관해 쓴 책들은 무수히 많다.

청소년을 위한 자기계발서를 쓰고 싶다면, 청소년 관련 도서를 읽으면서 콘텐츠를 분석해야 한다. 예를 들면, 김태광의『10대에 알았더라면 좋았을 것들』, 이영권, 김태광 공저『10대의 꿈이 평생을 결정한다』, 문지현의『십대답게 살아라』, 데이비드 월시의『10대들의 사생활』, 강헌구의『아들아, 머뭇거리기에는 인생이 너무 짧다』등의 도서를 읽고, 콘텐츠를 분석해야 한다.

청춘을 위한 자기계발서를 쓰고 싶다면, 김난도의『아프니까 청춘이다』, 김해영의『청춘아, 가슴 뛰는 일을 찾아라』, 김태광의『청춘아, 너만의 꿈의 지도를 그려라』, 전성철의『꿈꾸는 자는 멈추지 않는다』, 노경원의『늦지 않았어 지금 시작해』등을 읽고, 콘텐츠를 분석하는 것이 책을 쓰는 데 많은 도움이 된다.

마흔을 위한 자기계발서를 쓰고 싶다면, 예를 들어 김태광의 『마흔, 당신의 책을 써라』, 김경집의 『마흔 이후, 이제야 알게 된 것들』, 아키시타 마사히로의 『남자의 마흔』, 가와기타 요시노리의 『마흔, 인간관계를 돌아봐야 할 시간』, 신정근의 『마흔, 논어를 읽어야 할 시간』, 강상구의 『마흔에 읽는 손자병법』, 이의수의 『아플 수도 없는 마흔이다』 등을 읽으면서 콘텐츠를 분석하면 좋다.

오십을 위한 자기계발서를 쓰고 싶다면, 요시모토 유미의 『오십부터는 우아하게 살아야 한다』, 신정근의 『오십, 중용이 필요한 시간』, 이주희의 『조금 알고 적당히 모르는 오십이 되었다』, 이노우에 가즈코의 『50부터는 물건은 뺄셈 마음은 덧셈』 등의 저서를 읽고 콘텐츠를 분석하면 도움이 된다.

90세 관련 자기계발서가 있는지 예스24에서 찾아보았다. 정영애의 저서 『90세, 오늘도 일하시는 아버지』가 있었다. 100세 관련 자기계발서를 찾아보았다. 김형석의 『100세 일기』가 있었다. 그리고 정선근의 『100세 운동』이 있었다.

자기계발서는 무궁무진하다. 자신이 어떠한 주제로 쓸 것인지, 독자층을 누구로 할 것인지를 먼저 결정해야 한다. 그리고 경쟁 도서를 분석하고 책을 쓰면 편안한 마음으로 집필할 수 있다.

이제 경쟁 도서들을 읽되, 눈으로만 읽지 말고 밑줄을 그으면서 노트에 정리하는 습관을 들이면 좋다. 읽고 있는 저서의 강점과 약점은 무엇인지, 개선할 점과 본받을 점이 무엇인지 분석하여 기록해두면 좋다. 또한, 자신이 쓰고자 하는 주제와 경쟁 도서가 같다면, 무엇을 차별화해야 하는지도 분석해야 한다.

이렇게 경쟁 도서를 분석하는 과정을 거치게 되면, 경쟁 도서보다 한두 단계 업그레이드된 책을 집필할 수 있는 안목이 생긴다. 그 결과, 초보 작가가 첫 책을 출간했는데, 그 첫 책이 베스트셀러가 되기도 한다. 이렇게 베스트셀러 작가들은 책을 쓰기 전에 경쟁 도서 분석 과정을 반드시 거친다. 경쟁 도서 분석 과정을 소홀히 할 때, 경쟁 도서보다 못한 책을 쓰게 된다.

"처음에는 우리가 습관을 만들지만, 그다음에는 습관이 우리를 만든다."

존 드라이든의 말이다. 책 쓰기 전에 경쟁 도서를 분석하는 습관을 들이면, 그 습관이 베스트셀러를 만들어낼 것이다. 좋은 책을 쓰기 위해서는 책 쓰기 전, 그리고 책을 쓰면서 경쟁 도서를 꾸준히 분석해야 한다. 목차를 머릿속에 항상 그리면서 경쟁 도서를 분석할 때, 경쟁 도서보다 업그레이드된 책을 쓸 수 있게 된다. 아니, 자신이 쓰고자 하는 목차를 출력해 늘 가지고 다니면서 경쟁 도서를 분석하기 바란다.

07

야무진 출간 계획서를 작성하라

–

계획은 일의 근본적 요소이다.
그것은 많은 사업을 원만하게 성취시킨다.

- T. H. 그린 -

초등학교 시절, 방학이 시작되면 어김없이 방학 계획표를 작성했다. 둥근 모양의 밥그릇이나 국그릇을 도화지 위에 엎어 놓고, 그릇을 따라 연필로 동그라미를 그리는 것이 계획표 작성의 시작이다. 방학을 어떻게 보낼 것인지, 후회하지 않고 보람 있게 보내기 위해서는 계획표 작성이 필요했다. 몇 시에 일어나 세수하고, 아침 식사는 언제 할 것이며, 오전 공부는 몇 시부터 몇 시까지, 점심시간, 오후 공부, 저녁 식사, 그리고 몇 시부터 꿈나라로 들어갈 것인지가 방학 계획표 내용 전부이다.

이렇게 간단한 방학 계획표라도 작성하면 어느 정도 실천하게 되어 있다. 아침에 일어나기 싫어도 일어나게 되고, 방학 숙제도 계획표 그대로 실천하지는 못하더라도, 숙제는 모두 마무리하고 개학을 맞이하게 된다. 방학 계획표를 작성하지 않고 자유롭게 보내면, 개학 날짜가 다가와야 서둘러 숙제를 해야 했다. 그리고, 개학 전날에는 방학을 알차게 보내지 못했음에 대해 처절한 후회를 해야만 했다.

초등학교 몇 학년 때인지는 기억은 나지 않지만, 방학 계획도 세우지 않고 실컷 놀다가 개학을 맞이할 즈음에 이르렀다. 방학책은 약 이틀 만에 해낼 수 있었지만, 일기 쓰기가 문제였다. 달력을 보고 회상하면서 밀린 일기를 써나가는데, 생각나지 않는 날은 한마디로 고통스러웠다. 일기는 진실하게 써야 하는데, 진실은커녕 거짓투성이로 쓰고 있는 자신을 발견했다. 얼마나 부끄럽던지, 아무 계획 없이 방학을 보낸 대가가 얼마나 큰지 이때 깨닫게 되었다. 그 후로는 방학 계획을 꼭 세우고 실천하면서, 밀린 일기를 한꺼번에 쓰는 일은 없었다. 그리고 방학책도 이틀 만에 해치우는 일은 다시는 없었다.

책 쓰기도 마찬가지다. 책을 출간하고자 하는 사람이라면 반드시 작성해야 하는 것이 출간 계획서이다. 출간 계획서를 작성하지 않으면 책을 쓰다가 중간에 힘들면 포기하는 일도 발생한다. 언제까지 책 쓰기를 마무리할 것인지 계획이 없으므로, 질질 끌며 책을 쓰다가 중간에 독자층을 바꾸는 일도 발생할 수 있다. 이렇게 출간 계획 없이 글을 쓴다는 것은 언제까지 집을 완성할 것이고, 공사 비용은 얼마이며, 남향집인지 북향집인지도 모르고 집을 짓겠다고 무조건 땅을 파는 격이다.

책을 쓰기 전에 필수 과제인 출간 계획서 작성은 책 쓰기를 끝까지 완성하는 힘이 된다. 즉 기획 의도, 어떤 콘셉트로 주제를 쓰고자 하는지, 원고 내용, 타깃 독자층, 경쟁 도서, 집필 기간, 저자 프로필, 마케팅 전략이다. 이 중에 원고를 완성하는 데 크게 영향을 주지 않는 것이 있다. 바로 마케팅 전략이다. 이것은 책이 출간된 이후에 필요한 것으로, 출판사에 마케팅을 전적으로 맡기는 것보다, 작가도 마케팅 전략을 세워 홍보한다면 책 판매량에 큰 영향을 줄 수 있다.

다음은 출간 계획서에 필요한 내용을 간략하게 작성해보았다.

출간 계획서

- **기획 의도:** 작가가 책을 왜 쓰고자 하는지 기획 의도를 적는 것이다. 이 책의 콘셉트와 직결시켜, 다른 책과 차별화되는 내용으로 기술한다.

- **가제:** 가제는 출판사에서 제목을 정하기 전까지의 제목으로, 책의 내용을 한눈에 알 수 있는 것이 좋다. 독자들이 제목을 보면 작가가 무엇을 말하고자 하는지 알 수 있도록 써야 제목을 잘 정했다고 말할 수 있다. 그리고 책의 모든 내용을 포괄하고 있으면서도 개성 있는 것이라야 좋다.

- **예상 원고 내용:** 작가가 쓰고자 하는 책의 내용을 적는다. 원고의 방향을 정하는 것이다. 각장의 각 꼭지에 어떤 내용을 쓸 것인지를 쓴다.

- **대상 독자:** 책을 기획할 때 염두에 두었던 독자층을 확실히 정해야 한다. 청소년일 수도 있고, 결혼을 앞둔 청년들일 수도 있다. 모든 독자를 만족시키려고 하다가 어느 독자층도 제대로 만족시키지 못할 수도 있기 때문이다.

- **경쟁 도서 분석:** 자신이 쓰고자 하는 책의 콘셉트나 주제로 이미 쓴 책들을 분석한 후, 그 책들과 차별화된, 세상에 하나밖에 없는 책을 쓰기 위한 계획을 세운다. 경쟁 도서를 분석하는 목적은 경쟁 도서를 통해 현재 트렌드를 파악할 수 있고, 경쟁 도서보다 업그레이드된 책을 쓰고자 함이다.

- **집필 기간:** 말 그대로 집필을 언제 시작해서 언제 끝을 맺을 것인지 데드라인을 정하는 것이다. 즉 이 말은 정한 기간 안에 집필을 마치겠다는 선포이다. 데드라인을 정하지 않고 쓰면 초고 완성의 기간이 길어질 수밖에 없다. 여기에서 주의할 점은 집필 기간을 너무 길게 정하면 초고 완성은 힘들어진다. 그리고 출판 시장의 흐름이나 콘셉트의 유행이 지나가버리는 일도 발생할 수 있다.

- **저자 프로필:** 저자의 스펙으로, 다른 작가와는 다른 특별한 능력을 갖추고 있어 다른 작가와 경쟁력을 가지고 있음을 말하는 부분이다.

- **마케팅 전략:** 책이 출간된 이후, 출판사에서도 홍보와 마케팅을 하지만, 저자도 마케팅 전략을 세워 홍보해야 한다. 출판사만 하는 것보다 책의 판매량에 크게 영향을 준다. 즉 출판 기념회, 저자 강연회, 카페 및 블로그 운영, 인스타그램 및 페이스북 활동 등 저자가

할 수 있는 모든 범위 안에서 홍보와 마케팅을 하는 것이다.

• **추천사 부탁:** 작가와 지인이면서 책의 장르에 맞는 분야에서 인지도
가 높고 신뢰할 수 있는 사람에게 부탁하는 것이 좋다. 이런 인지도
가 높은 사람의 추천사가 실리게 되면, 독자들의 반응이 배가된다.
그만큼 추천사가 공신력에 영향을 주기 때문이다.

출간 계획서 작성은 초보 작가들에게 반드시 필요하다. 간단하게 쓴
출간 계획서라도 처음으로 책을 쓰기 시작하는 작가들에게는 등대 역할
을 하여, 완성도가 높은 원고가 나오게 된다. 또한, 집필 기간도 단축해
준다.

책 쓰기는 우리의 삶 전체를 돌아보게 하고, 인생을 재정비하게 만든
다. 그리고 인생 2막을 열게 하는 인생 터닝포인트를 갖게 한다. 그동안
살아왔던 삶을 기반으로 새로운 인생 시나리오 대본을 쓰는 격이다. 인
생 2막은 이전의 삶보다 훨씬 창조적이고 아름다운 인생일 수밖에 없다.
지금 책 쓰기 출간 계획서를 작성해보자. 한 번뿐인 인생에서 책 한 권
쓰고 싶은 생각이 들지 않는가!

"위대한 희망은 위대한 인물을 만든다. 산은 오르는 사람에게만 정복된다."

토머스 풀러가 한 말로, 누구나 쉽게 할 수 있는 말이다. 그러나 이 말의 의미를 진정으로 깨닫고 실천하는 사람은 드물다. 양사언의 고시조가 생각난다.

태산이 높다 하되 하늘 아래 메이로다
오르고 또 오르면 못 오를 리 없건마는
사람이 제 아니 오르고 메만 높다 하더라

산은 오르는 사람에게만 정복된다. 천 리 길도 한 걸음부터이다. 날마다 마음속에 성공을 그리면서 긍정적인 자기암시로 한 걸음씩 정상을 향해 나아갈 때, 산 정상에 있는 자신을 발견하게 될 것이다. 지금부터 시작해보자.

08

집필 중,
클릭과 저장을 잘하라

–

가능하면 다른 사람의 실수를 통해 내 실수를 예방하는 것이 좋다.

– 워런 버핏 –

1988년도에 국어 교사가 되어 5월에 첫 중간고사 출제를 했다. 시험 출제 양식은 8절지였다. 근무했던 학교는 그 당시 중·고등학교 병설학교로 중학생도 가르치고 고등학생도 가르쳤다. 물론 시험 출제도 중·고 모두 해야 했다. 원안지에 중·고 구분을 하고, 1학기, 중간고사, 그리고 학년을 구분했다. 학생들은 시험지를 받으면 반과 번호, 성명만 기록하면 되었다.

출제는 펜으로 직접 써야 했기에, 실수하지 않기 위해 연습장에 먼저 출제하고, 시험 원안지에는 연습장에 출제한 내용을 한 문제씩 점검하면서 정서로 써 내려갔다. 이렇게 정성 들여 출제하는데도 가끔 실수할 때가 있었다. 써 내려가다가 오타가 발생하는 것이었다. 그러면 수정액으로 정정했다. 그런데, 한두 단어가 아닌 2~3행 정도를 잘못 쓰게 되면 원안지를 바꿔 처음부터 다시 썼다. 수정액으로 고칠 수도 있지만, 원안지를 바꾸어 다시 써야 깔끔했다. 이렇게 3과목을 출제했다.

시험 원안지는 과목 담당 교사가 자필로 썼기에, 조금도 숨김없이 그 교사의 필체가 모두 드러났다. 어떤 선생님은 명필인가 하면 어떤 선생님은 졸필이었다. 어떤 선생님은 비스듬히 써 내려갔는가 하면, 어떤 선생님은 명필은 아니지만, 글자를 바르게 세워 또박또박 써 내려갔다. 시험지 필체는 그 담당 교사의 얼굴이었다. 필체만 보아도 그 교사의 얼굴이 떠오르는 것이다. 감독하면서 시험지를 보게 되는데, 졸필로 쓴 시험지는 문항 내용이 한눈에 들어오지 않았다. 그러나 명필로 쓴 시험지는 문항 내용도 잘 파악이 되고, 보기에도 시원스러웠다. 이렇게 시험 감독을 하다 보면, 선생님들의 필체를 자연스레 다 파악하게 된다. 이렇게 80년대에는 담당 교사가 직접 손으로 써서 출제했었다.

그러면 60~70년대는 어떠했을까? 먹지에 출제해, 등사기에 붙이고 검정 잉크를 묻힌 롤라로 시험지를 여러 장 복사했다. 80년대보다 원안지를 수정하기가 더 힘들었다.

요즘은 컴퓨터 사용이 보편화되면서 시험 출제가 편해졌다. 컴퓨터로 워드 작업을 하면 손으로 쓰는 것보다 훨씬 빠르고 쉽다. 쓰기도 쉽지만, 지우기도 쉽다. 국어 과목 출제일 때 지문을 복사해서 붙여넣기도 쉽다. 이렇게 컴퓨터의 출현으로 교사들이 시험 출제 때 큰 혜택을 누리게 되었다.

나는 1996년도에 2학기 때부터 컴퓨터로 시험 출제를 하기 시작했다. 전년도까지만 해도 볼펜으로 썼다. 1995년도 2학기에 교무실에 컴퓨터 2대와 프린터기가 들어와 처음 배웠을 때, 출력물을 보면서 새 세상을 보는 듯했다. 1996년도 1학기에 컴퓨터로 시험문제를 내려고 했으나, 워드 작업이 익숙지 못해 손으로 쓰는 것보다 시간이 더 걸렸다. 그래서 손으로 직접 쓰는 것을 선택했다. 이 당시 20대 젊은 여교사들은 컴퓨터로 출제하고 출력했다. 30대인 나로서는 얼마나 부러웠던지, 학교 업무를 마친 후 저녁마다 한컴 타자기로 타자 연습을 했다. 왼쪽 검지는 'ㄹ'에 놓고, 오른쪽 검지는 'ㅓ'에 놓아 중심을 잡고, 한 자음 한 모음씩 연습해나갔다. 이렇게 매일 연습하다 보니, 2학기 때부터 나도 컴퓨터로 시험 출제를 하게 되었다. Ctrl C(복사), Ctrl V(붙이기)도 이때 배웠다.

시험 출제뿐만 아니라, 공문 처리도 하고, 행사 계획도 워드로 세웠다. 컴퓨터를 활용해 일하는 것에 재미가 붙었다. 학교 가는 것이 즐거워졌을 정도였으니까. 그런데 컴퓨터가 편리하면서도 조금만 부주의하면 작업한 내용을 모두 날려버리기도 한다. 컴퓨터로 중요한 문서를 삭업했는데, 작업한 내용이 보이지 않을 때 이것보다 더 답답한 일은 없다. 자료를 복사해서 붙인다는 것이 실수하여 기존 자료까지 다 사라지기도 했다. 컴퓨터로 문서 작업을 해본 사람들은 한 번쯤은 이런 실수를 범했을 것이다.

2010년도에 고등학교 2학년 담임 할 때의 일이다. 고등학교 2학년 담임 8명이 고2 교무실에서 같이 일하고 있을 때, 한 담임교사가 땅이 꺼지도록 한숨을 크게 내쉬어 깜짝 놀랐다.

"선생님! 왜 그래요?"
"선생님! 아파요?"

이구동성으로 안타까움을 표현했다. 그런데 그 선생님이 나이스에 학생들의 자율활동을 날짜 순서대로 기록하다가, 학급 전체 학생들이 1번 학생과 내용이 갑자기 똑같아졌다는 것이다. 컴퓨터에서 클릭 한 번 잘못해서 벌어진 현상이다. 나를 비롯하여 옆에 있는 선생님들이 안타까워했지만, 어떻게 도와줄 수 있는 일이 아니었다. 안타까움을 표현하는 말을 총동원해 전한들 그 실수를 달래기에는 너무나 부족했다. 1번을 제외하고 모든 학생의 자율활동을 처음부터 다시 써야 하는 일은 실수한 그 담임 몫이었다.

또 출제 시 이원목적분류표 작성에 관한 것이다. 내용 영역에 학습 목표 달성을 측정하는 문제를 내고, 성취 기준, 지식, 이해, 적용, 분석, 종합을 나타내는 행동 영역, 상, 중, 하로 구분하는 난이도 등 빈칸이 없도록 모두 기록하고 저장해야만 제대로 저장이 된다. 그런데 이원목적분류표를 작성하다가 다른 볼일이 생겨 작성한 곳까지 저장하게 된다. 그런데 다시 이어서 작성하려고 컴퓨터를 열어보면, 그때까지 작업한 내용이 모두 날아간 것이다. 빈칸이 있으면 저장이 되지 않으므로, 숫자 1이라도 써서 빈칸을 모두 채우고 저장해야 한다. 교사라면 이원목적분류표 작성에 대한 실수도 한 번쯤 해봤을 것이다.

또한, 원안지 출제이다. 교사는 한 문제 한 문제 고심하면서 출제하게 된다. 시험 출제 시에는 시간이 더 빨리 가는 느낌이 들 정도로 출제에 집중하게 된다. 어떨 때는 겨우 세 문제를 냈는데, 한 시간이 훌쩍 지나가 버리기도 한다. 그런데 출제하다 보면 속도가 붙어 한 시간에 여섯 문제를 내기도 하여 4~5시간 걸려 출제를 마무리하게 된다. 그런데 이렇게 어렵게 출제를 다 마치고 저장할 때 잘못해서 시험문제가 모두 사라졌다는 얘기는 지금도 가끔 듣게 된다. 참으로 안타깝다. 다시 출제하려면 마음을 진정시키고 시작해야 한다.

이렇게 컴퓨터 작업은 편리하기도 하지만, 클릭 한 번 잘못해서 자료가 모두 날아가는 경우가 있다. 그리고 나이스 기록 내용 규정을 숙지하지 못하여 작업한 내용이 모두 사라지기도 했다.

한번은 내가 3층 교실에서 수업을 마치고, 급하게 공문 처리할 것이 있어 노트북을 끄지 않은 상태로 1층에 있는 교무실로 내려왔다. 노트북을 끄지 않았으니, 다시 켜지 않고 공문을 처리할 수 있으리라 생각했다. 그런데 공문 처리를 마치고, 다음 수업을 위해 외장하드에 담겨 있는 자료를 열어보았다. 황당하게도 자료가 하나도 없었다. 다시 열어보고 또 열어보아도 없는 것이다. 모두 날아간 것이다. 1테라의 이동저장 장치에 무수한 수업 자료가 저장되어 있었는데, 3층에서 1층으로 내려오는 1~2분 사이에 자료가 모두 삭제된 것이다. 이런 실수가 있고 난 뒤부터, 노트북을 꼭 끄고 퇴실하는 습관이 생겼다.

책 쓰기를 할 때도 마찬가지이다. 책을 쓰면서 클릭을 잘하고 저장을 잘해야 한다. 집필 중간중간에 저장하는 습관을 들여야 한다. 어렵게 집필한 내용이 모두 날아가버리는 수가 있다.

나는 노트북으로 집필하고, USB에도 또 저장하곤 한다. 만약을 위해서 이렇게 두 곳에 저장하는 습관이 생겼다. 한 군데만 저장해놓고 노트북을 껐을 경우, 노트북이 바이러스든 또 다른 그 무엇에 의해 저장한 내용이 모두 사라진다면, USB에 내용이 있으니 걱정할 필요가 없다.

실수로 발생한 손비는 교육비로 간주하라는 말이 있다. 로맹 롤랑의 "아무런 실수도 저지르지 않는 사람은 아무 일도 하지 않는 사람이다."

라는 말도 있다. 그런데 책 쓰기에서 집필한 내용이 모두 날아가버리는 것에 적용하기에는 너무나 큰 실수이고 손실이다. 작가들은 워런 버핏이 말한 "가능하면 다른 사람의 실수를 통해 내 실수를 예방하는 것이 좋다."는 말을 꼭 기억하고 실수하지 않기를 바란다.

요즈음은 회사이든, 학교이든, 공공기관이든 컴퓨터 없이는 할 수 있는 업무가 거의 없다. 인터넷의 발달로 컴퓨터로 자료 찾기도 쉽다. 가만히 보면 컴퓨터 안에 세상이 있고, 세계가 있다. 컴퓨터를 잘 활용하기만 하면, 매우 편리하고 많은 도움이 된다. 특히 작가들에게는 정말 업어주고 싶은 물건이다. 컴퓨터가 없었으면 난 작가의 꿈을 이루지 못했을 것이다.

오늘도 집필하면서 중간중간에 집필 내용을 저장했다. 그리고 집필을 마치면 USB에도 반드시 저장해놓는다. 이제 이런 행동은 자연스레 나의 습관이 되었다. 책 쓰기에서만이 아니라, 컴퓨터 작업에서는 한 번 더 확인하고 삭제하거나 저장하는 습관이 생겼다. 실수에서 얻은 교훈이다.

당신도 이미 베스트셀러 작가이다

초고 집필 성공을 위한 8가지 노하우

01

건강을 잃으면
모든 것을 잃는다

—

건강을 잃는 것은 과학, 예술, 장점, 재산
그리고 말재주 등 모든 것을 소용없게 만든다.

- 헤로필로스 -

작년에 책 쓰기 시작한 지 한 달 정도 지났을 때, 아침에 일어나면 오른쪽 어깨가 무거웠다. '자면서 오른쪽 어깨가 눌렸나?'라고 생각했다. 그 다음 날에도 또 오른쪽 어깨가 무거워 '또 오른쪽으로 잤나?'라고만 생각했다. 그런데 시간이 지날수록 팔을 위로 들기가 힘들었다. 세수하기도 힘들었다. 로션 바르기도 힘들었다.

한의원에 다니기 시작했다. 침을 맞고 찜질과 물리치료를 받았다. 오십견이라고 하면서 회복하려면 1년은 걸린다고 했다. 날마다 노트북 앞에 앉아 있었으니, 내가 오십견을 불러들였다. 치료를 받으면서 어깨가 가벼워지는 듯했다. 그런데, 아침에 일어나면 또 마찬가지였다. 시간이 지날수록 더 아프기 시작했다. 낮에는 일하느라 정신없이 지내다가도, 밤만 되면 어깨가 쑤시고 아파서 잠을 거의 못 이루었다. 아이 키울 때와 똑같았다. 낮에는 잘 놀다가도 밤이 되면 열이 더 나고 앓는 소리까지 하는 아이 같았다. 자다가도 어깨 통증으로 잠이 깰 정도였으니까. 이렇게 한밤중에 잠이 깨면 다시 잠들기가 어려웠다. 벌떡 일어나 적외선 치료기에 어깨를 갖다 대었다. 그러면 통증이 가라앉았다. 한여름 밤에 땀을 뻘뻘 흘리면서 밤마다 적외선 기기에 어깨를 대곤 했다. 이렇게 잠을 못 이루기를 두 달 정도 하니, 체중이 2kg이나 빠졌다. 잠이 보약이라는 말이 맞는 말이었다.

시간이 지나면 좀 나아져야 하는데, 자동차 조수석에 있는 물건도 집기 힘들었다. 옷 갈아입는 것도 불편했다. 머리 빗기도 힘들었다. 이렇게 생활하기가 불편해 병원으로 달려갔다. '열중쉬어'를 해보라고 했다. 팔이 뒤로 가지지 않았다. 손이 바지 옆선에서 머물렀다. 처방 주사를 맞고 도수치료를 받았다. 그런데 도수치료를 받을 때 얼마나 아프던지, 내가 비명을 지르고야 말았다. 그 후 두 번 더 도수치료를 간신히 받고, 혼자 스트레칭으로 극복해보겠다는 생각에 도수치료를 포기했다.

아픈 이후 학교 운동장에서 아침마다 운동하셨던 할아버지가 생각났다. 70대 정도로 보인 할아버지가 아침마다 가볍게 체조하셨다. 팔을 옆으로 나란히 했다가 내리고, 위로 올렸다 내리기를 반복했다. '운동장에서 뛰시든지, 뛰는 것이 힘들면 걷기라도 하시지, 운동이라고 하기에는 너무 약하시네.'라고 내가 생각했었다.

그런데 나는 그 당시에 오른쪽 팔을 올리기는커녕 옆으로 나란히 하는 것도 힘들었다. 운동장에서 체조하시던 70대 할아버지만도 못하다고 느꼈다. 마음으로는 팔을 올렸다 내리기를 수없이 할 것 같은데, 팔을 올리려고 하다가도 어깨 통증으로 내리곤 했다. 운동장에서 체조하셨던 할아버지도 오십견을 앓고 회복하기 위해 가벼운 팔운동을 하셨겠다는 생각이 들었다.

지금 10개월 정도 지났는데, 완전히 낫지는 않았지만, 많이 좋아졌다. 머리도 빗을 수 있고, 로션도 바를 수 있다. 팔도 위로 쭉 뻗어 올릴 수 있다. '열중쉬어'도 할 수 있다. 1년은 가야 낫는다는 한의사의 말이 맞았다.

한번은 내 왼쪽 팔에 하루살이가 앉았다. 쫓아버리려다가 잡아보겠다고 오른손으로 조심스럽게 내리쳤다. 그런데 어깨 통증으로 살짝 내리치는 바람에 하루살이가 그만 날아가버리고 말았다. 내 어깨만 신통으로

울려 참기 어려운 통증을 느껴야만 했다. 얼마나 아프던지 눈물이 핑 돌았다. 오른쪽 어깨를 한참 동안 주물러야 했다. 그런데 감사했다. 통증이 있으니 다행이었다. 아무 감각을 느끼지 못하는 중풍이 아니라서 다행이었다. 신경계가 살아 있다는 증거이니 감사했다.

중풍은 갑자기 발병하지 않는다고 한다. 서서히 온다는 것이다. 좌뇌가 손상을 입으면 언어장애, 오른쪽 수족이 마비되고, 우뇌가 손상을 입으면 보행장애 왼쪽 수족이 마비된다고 한다. 그래서 중풍의 전조증상인 말이 어눌해진다든지 손발에 힘이 없어지는 현상이 나타나면, 3시간 안으로 병원에 가야 한다고 한다.

다음은 뇌졸중(뇌경색, 뇌출혈) 체크리스트다. 몸의 한쪽 얼굴, 팔다리, 근육 등이 저리거나 힘이 약하게 느껴진다. 어지럽고 몸의 균형이 잘 안 잡힌다. 눈이 가끔 잘 안 보이거나 희미해진다. 말이 둔해지고 눈꺼풀 경련이 자주 일어나고 얼굴이 실룩거린다. 두통이 오래가고 기억력이 떨어진다. 귀에서 소리가 나거나 잘 안 들린다. 장기간 부정맥, 고혈압, 고지혈증, 당뇨병을 앓고 있다.

두 번째 책을 쓰고 있는 지금, 컴퓨터 앞에서 가끔 팔을 올렸다 내렸다 하기를 반복한다. 첫 책을 쓸 때는 내 어깨와 팔이 서서히 굳고 있는 줄을 몰랐다. 컴퓨터 앞에서 글을 쓰고 있노라면 두세 시간이 금방 지나가 버리는데, 내 어깨는 지나가는 시간만큼 굳어지고 있었다. 나는 그걸 모르고 있었다. 50분 일하고, 10분 쉴 필요가 있다는 것을. 10분씩 '열중쉬어'를 했더라면 이렇게 고생하지 않았을 것이다. 새뮤얼 존슨은 이런 말을 남겼다.

"건강을 지키는 것은 도덕적, 종교적 의무다. 건강은 모든 사회적 미덕이 기본이기 때문이다. 건강을 잃으면 더 이상 충분한 힘을 발휘할 수 없게 된다."

"돈을 잃으면 조금 잃은 것이요, 명예를 잃으면 많이 잃은 것이요, 건강을 잃으면 전부를 잃은 것이다."라는 명언도 있다. 건강을 잃으면 모든 것을 잃은 것이다. 돈이나 명예는 있다가도 없어지는 것이요, 없다가도 생기는 것이다. 그런데 건강을 잃으면 회복하기가 너무나 어렵다.

건강은 건강할 때 지켜야 한다. 건강하게 오래 살려면 어떻게 해야 할까?

이 질문에 미국인의 56%는 운동, 26%는 올바른 식습관이라고 답했다. 우리 한국인도 이 질문을 받았다면 미국인과 비슷하게 답했을 것이다. 그러나 바쁜 현대인들이 매일 만 보 이상 걷고, 풍성한 채소와 과일로 식사를 한다고 하더라도 이것이 건강을 지키는 전부는 아니다. 덜 걱정하고, 가족 또는 친구와 더 많은 시간을 함께해야 한다. 이웃과 더불어 즐겁게 지내고, 어려운 사람을 도우며 살아야 한다. 더불어 살아가는 사회를 만들어야 한다. 더 많이 웃고 더 감사하며 살아야 한다. 마음이 편해야 몸도 편하게 된다. 마음속에 우울과 고독으로 가득 차 있다면, 몸도 아프게 되어 있다.

"병 만나기는 쉬워도 병 고치기는 힘들다."라는 속담이 있다. 병에 일단 걸리면 건강을 회복하기가 매우 힘들다는 말이다. 건강할 때 건강을 지키는 것이 지혜롭게 사는 방법이다. 나는 요즈음 40분씩 걷기를 하고 있다. 25분 걸으면 땀이 나지 않는데, 15분 더 걸으면 땀이 나고 상쾌한 기분이 든다.

야외에서의 걷기 운동은 비타민 D 생성으로 스트레스 해소 및 우울증을 예방하는 효과가 있다. 하루 30분씩 꾸준히 걸으면 불면증 치료에도 도움이 되고 다이어트 효과에도 도움이 된다고 한다. 걷기 운동은 지방을 태워 체지방 감소와 근력 향상에도 도움이 된다고 한다. 특히 복부비만의 원인인 내장지방을 없애는 것에 걷기 운동이 좋다고 한다. 허리나 무릎이 안 좋은 사람도 걷기 운동을 하라고 한다.

몽테뉴가 이런 말을 남겼다.

"학식도 미덕도 건강이 없으면 퇴색한다."

그렇다. 건강을 잃으면 모든 것을 잃게 되는 것이다.

02

초고 완성을
우선순위에 두어라

–

"아무 하는 일 없이 시간을 낭비하지 않겠다고 다짐하라.
우리가 항상 뭔가를 한다면 자신도 놀랄 만큼 수많은 일을 해낼 수 있다."

– 미국의 3대 대통령 토머스 제퍼슨 –

지금 무엇인가를 시작하고 있는가? 하고 싶은 것이 많아 또 다른 것을 시작하려고 하는가? 하고 싶은 것이 많다고 해 여러 가지 일을 동시에 하면 안 된다. 시간과 관심을 나눌 수밖에 없기 때문이다. 두 가지 일을 동시에 시작하면 시간과 관심이 두 군데로 분산된다. 열 가지 일을 동시에 시작하면 열 군데로 분산된다. 시간과 관심이 분산되면 성공과는 거리가 멀어지게 된다. 그래서 한 가지에만 오로지 관심을 두어야 한다. 한 가지만을 실천하다 보면, 자신의 능력이 그 분야에 얼마나 뛰어난지 발견할 수 있다. 그리고 성공에 이르게 된다.

2013년에 종영한 강호동의 〈무릎팍도사〉에 안철수 씨가 출연해 자신의 성공담을 말한 것에 대해 김태광 작가가 쓴 글을 읽은 적이 있다. 안철수 씨는 컴퓨터 바이러스 백신 개발을 위해 약 7년간 매일 새벽 3시간씩 컴퓨터 앞에 앉아서 컴퓨터 바이러스와 싸웠다고 한다. 안철수 씨는 컴퓨터 바이러스 백신 개발을 삶의 가장 우선순위에 두었다. 그가 노력한 시간을 다음과 같이 계산했다.

$$7년 \times 365일 \times 3시간 = 7,665시간$$

여기에 컴퓨터 바이러스 백신 개발 이전에 컴퓨터에 관해 공부한 시간까지 합한다면 약 1만 시간이 된다. 1만 시간이나 투자했으니, 성공하지 않을 수 없다. 그 당시 컴퓨터 바이러스 백신 전문가는 국내에서 안철수 씨밖에 없었다고 한다. 그리고 3년 후에 CIH바이러스 사건을 계기로 백신 시장이 국내에 갑자기 등장했고, 그의 성공 스토리가 빛을 보게 되었다. CIH바이러스는 컴퓨터 악성 바이러스로, 우리나라에는 1998년 6월 초에 PC통신 자료실에 있는 동영상 프로그램 무비 플레이어를 통해 감염되었다고 한다.

이렇게 안철수 씨의 성공담이 1만 시간의 법칙에 적용된다. 즉 어떤 분야에서 전문가가 되기 위해서는 1만 시간의 노력이 필요하다는 것이다. 그가 국내 최초로 컴퓨터 바이러스 백신 개발에 성공할 수 있었던 것은 자신의 꿈을 실현하기 위해 1만 시간을 투자했기 때문이다. 그리고 컴퓨터 바이러스 백신 개발을 삶의 가장 우선순위에 두었기 때문이다.

빌 게이츠도 마이크로소프트사를 차려 소프트웨어로 성공하기까지 약 10년이 걸렸다고 한다. 이 말은 어떤 분야든지 누구든지 성공하기까지 걸리는 시간이 하루 3시간씩 10년이 걸린다는 말이다. 하루 3시간씩 10년이 곧 1만 시간으로, 1만 시간의 법칙을 실천하지 않고는 진정한 성공을 기대할 수 없다는 뜻이기도 하다. 왜냐하면, 어떤 분야에 숙달되기까지 걸리는 시간이 약 1만 시간이 걸리기 때문이다.

'1만 시간의 법칙'은 미국 콜로라도 대학교의 심리학자 앤더스 에릭슨이 1993년에 발표한 논문에서 처음으로 등장한 개념이다. 그는 세계적인 바이올린 연주자와 아마추어 연주자의 실력 차이는 연주 연습 시간에서 대부분 비롯된 것으로, 우수한 집단은 1만 시간 이상 연습했다는 것이다.

책 쓰기도 마찬가지다. 자신의 모든 역량을 발휘해 책 쓰기를 할 때, 자신이 정한 기간 안에 초고를 완성할 수 있다. 역량을 발휘하지도 않고 정한 기간도 없이, 아무 때나 자유롭게 책을 쓰면 초고 완성은 어렵게 된다. 이러한 자유로운 책 쓰기의 태도는 책 쓰기의 맥이 끊기고 완성도도 낮아져 책 한 권 쓰는 데, 1년이 걸릴 수 있다. 아니 2~3년이 걸릴 수도 있다. 그러므로 책을 쓰기 시작했다면, 하루 중 어느 때가 효율적으로 책 쓰기를 할 수 있는지, 시간을 정해 책 쓰기를 우선순위에 두어 집필할 필요성이 있다. 즉 책 쓰기를 1순위에 두어야 한다.

책을 쓸 때 중요한 것 중의 하나가 초고가 좀 미흡한 부분이 있더라도 끝까지 집필을 마치는 것이다. 헤밍웨이의 말처럼 초고가 걸레여도 괜찮다. 여러 번 고쳐쓰기를 하면 되니까 말이다.

작년에 내가 책을 쓰기 시작했을 때, KBS2 오후 7시 55분에 방영하는 주말 연속극 〈한 번 다녀왔습니다〉를 시청하고 있었다. 연속극을 계속 보면서 책을 쓰느냐, 아니면 책 쓰기를 위해 시청을 중단하느냐 갈등이 생겼다. 그동안 주말 연속극 한 편은 꾸준히 시청해왔기 때문이다. 그런데 결단을 내렸다. 책을 쓰기 시작했으니, 주말 연속극 시청을 중단하고, 책 쓰기에 몰두해야겠다고. 매일 새벽에 일어나 2~3시간씩 썼다. 토요일 저녁부터 일요일까지는 평일보다 더 부지런하게 썼다. 그 결과 3개월 만에 초고를 완성할 수 있었다.

내가 주말 연속극을 보면서 책을 썼다면, 3개월 만에 초고를 완성할 수 있었을까? 삶의 우선순위를 책 쓰기에 두었기 때문에 가능했다. 지금 자신이 하는 일에 관해 책을 쓰기 시작해보기를 바란다. 이미 책을 쓰기 시작했다면 책 쓰기를 삶의 우선순위에 두길 바란다. 0순위에 가까울수록 그 결과물을 빠르게 만나볼 것이다.

책 쓰기에 대해서도 1만 시간의 법칙을 적용해서 계산해보고자 한다. 『나는 도서관에서 기적을 만났다』의 저자 김병완 작가는 10년에 100권의 책을 출간하여, 베스트셀러도 적지 않다고 한다. 그리고 2013년에는 문화체육관광부 '우수교양 도서'에 선정된 책도 있다고 한다. 김병완 작가는 1년에 10권 썼다는 말이다. 『7가지 성공 수업』, 『이젠 책쓰기가 답이다』의 저자 김태광 작가는 24년간 250권을 썼다고 한다. 1년에 10권 이상 썼다는 말이다. 불광불급(不狂不及)이다. 책 쓰기에 미치지 않고는 1년에 10권 이상 쓸 수는 없다.

나는 아직 직장에 다니거니와 책 쓰기에 숙달되지도 않아, 1년에 2권 정도 쓰면 잘 쓰고 있다고 생각한다. 매일 새벽 3시간씩 10년이면 1만 시간이 되는데, 그러면 책은 몇 권이나 쓰게 될까? 내 기준에 맞추어 계산하면 다음과 같다.

1년 2권×10년=20권

내 인생에서 20권 정도만 책을 써도 대만족이다. 이 중에 베스트셀러다운 베스트셀러도 나올 것이 아니겠는가! 나의 첫 개인 저서 『당신의 삶도 이미 베스트셀러이다』가 온라인 예스24 서점에서 자기계발 분야 56위까지 올랐으며, 4주 베스트셀러였다. 그리고 목동 교보문고에서 자기계발 분야에서 베스트셀러로 9위까지 올랐었다. 기쁘고 감사한 일이다. 지금 쓰고 있는 두 번째 저서도 기대가 된다. 에셴 바흐는 이렇게 말했다.

"시간을 지배할 줄 아는 사람은 인생을 지배할 줄 아는 사람이다."

지금, 이 시각, 나는 책 쓰기에 몰두하고 있다. 시간을 지배하면서 내 인생을 지배하고 있다. 영국의 시인 헨리가 "나야말로 내 운명의 지배자이며 내 영혼의 선장이다."라고 말했듯이, 내 삶에서 내가 키를 잡고 있으니, 내 인생에서 주인공은 바로 '나'다.

당신의 삶에 지금 만족하는가? 지금보다 나은 삶을 원하고 있지 않은가? 인생을 바꾸고 싶다고 생각해본 적 있는가? 당신의 이름을 새긴 당신의 책을 써보기 바란다. 책 쓰기를 삶의 가장 우선순위에 두고, 매일 새벽에 일어나 책 쓰는 작가로 변신해보기 바란다. 저서는 전 세계를 돌아다니며 당신을 알리게 될 것이다. 당신의 지식, 경험, 삶의 노하우 그리고 철학이 저서를 통해 독자들을 만나게 될 것이다.

어떤 독자는 당신의 저서를 읽고 새벽 일찍 일어나는 습관을 갖게 될 것이다. 어떤 독자는 당신의 책에 감동하여 독서광이 될 수 있다. 어떤 독자는 절망 가운데 있다가 당신의 저서를 읽고 살아갈 힘을 얻을 수 있다. 어떤 독자는 어떻게 하면 책을 쓸 수 있는지 당신에게 문의할 수도 있다. 먼 훗날, 당신이 이 땅에 없더라도 저서는 독자와 만나면서 대화가 계속 이어질 것이다. 저서는 곧 당신의 분신으로 시간과 공간을 초월하여 계속 활동하게 될 것이다. G.바슐라르는 이런 말을 남겼다.

"책은 꿈꾸는 걸 가르쳐주는 진짜 선생이다."

그렇다. 나 또한 책을 통해 책을 쓰기 시작했고, 지금은 책 쓰기 코칭을 꿈꾸고 있다. 당신도 독자들에게 꿈꾸는 걸 가르쳐주는 진짜 선생인 책을 써보길 바란다. 삶에서 책 쓰기를 우선순위에 두고 매일 새벽 3시간씩 노력한다면, 3개월 만에 책 한 권을 낼 수 있다.

첫 문단 잘 쓰는
비결이 있다

_

제대로 쓰려 말고, 무조건 써라.

– 제임스 서버–

첫 문단을 어떻게 시작할까? 초보 작가들은 많이 고민하게 된다. 머릿속에서는 쓸 것이 많은데, 어떻게 써야 할지 몰라 쓰다가 지우고 또 쓰다가 지우기를 여러 번 반복하게 된다. 글을 쓰고 싶어 쓰기 시작했는데, 생각처럼 술술 써지지 않는다. 한 시간이 지나도 몇 줄 쓰지 못하는 때도 있게 된다.

첫 문단을 어떻게 시작해야 될지, 독자를 의식하다 보면, 첫 문단 쓰기가 더욱 어려워진다. 그런데 첫 문단 쓰기는 초보 작가들만이 아니라 선문 작가들도 힘든 과정이니, 지레 겁먹을 필요가 없다. 제대로 쓰려고 하지 말고 무조건 쓰라고 한다. 그러면 어떻게 무조건 쓰라는 말인가? 다음 나탈리 골드버그의 말이 잘 이해되도록 설명해주고 있다.

"글을 쓸 때는 모든 것을 내려놓아라. 당신의 내면을 표현하기 위해 단순한 단어들로 단순하게 시작하려고 노력하라."

단순한 단어들로 단순하게 시작하라는 말이 초보 작가들에게 힘을 실어준다. 그래서 베스트셀러를 쓴 작가들은 어떻게 첫 문단을 시작했는지 살펴보았다. 내가 '성공하고 싶다'라고 생각했을 때, 책장으로 달려가 제일 먼저 손에 들었던 책이 하우석 작가의 『내 인생 5년 후』이다. 2장 셋째 소제목 '아무것도 하지 않기 때문에 실패한다'의 첫 문단을 이렇게 시작했다.

"당신이 밀고 나가야 할 5년 전략의 가장 큰 적은 '냉소'다. 당신 자신을 향해 습관적으로 던지는 차가운 비웃음. 냉소는 도약하려는 인생의 발목을 끊임없이 붙잡고 늘어진다."

하우석 작가는 5년 전략의 가장 큰 적은 '냉소'라고 '자신의 생각'을 썼다. 다음은 브랜든 버처드의 『백만장자 메신저』1장 첫 소제목 '시작할 때부터 유명하고 부자인 사람은 없다'이다.

"나는 메신저가 다른 어떤 직업과 비교해도 손색없는 훌륭한 직업이라 생각한다. 왜냐하면, 메신저는 늘 자신의 삶을 통해 세상을 배우고 경험의 의미를 되새기며 앞으로 나아가고자 노력하기 때문이다."

브랜든 버처드 작가도 '메신저'라는 직업에 대해 '자신의 생각'으로 시작했다.

다음은 강헌구 작가의 『가슴 뛰는 삶』에서 1장 첫 소제목 '가슴 뛰는 내일이 시작되는 곳'이다.

"한 만화가가 어린 두 딸을 데리고 놀이공원에 갔다. 물론 딸들도 무척이나 좋아했지만, 모처럼의 외출에 만화가 자신이 더욱 들뜨고 신이 났다. 특히 그는 회전목마에 매료되었다."

강헌구 작가는 '한 만화가 이야기'로 시작했다. 나의 개인 저서 『당신의 삶도 이미 베스트셀러이다』 1장 두 번째 소제목 '고통으로 시작된 내 인생'에서는 다음과 같이 '나의 생각'으로 시작했다.

"많은 사람이 여행하기를 좋아한다. 어떤 사람은 1년 동안 모은 돈으로 해외여행을 다녀온다. 그다음 해, 또 1년 모아 다른 나라로 다녀온다. 이렇게 하기를 몇 년 하다 보면, 세계 일주를 하게 된다.

이런 사람들은 왜 여행하면서 살아갈까? 여행이 삶의 목적인 것처럼 왜 살아갈까? 여행을 통해 자신을 발견하기 때문이다. 세상과 마주 보는 법을 배우기 때문이다. 세상 풍경을 가슴에 담으면 자신의 내면에 있는 삶의 찌꺼기들이 쏟아져 나오기 때문이다. 그리고 자신과 깊이 있는 대화를 나누게 되기 때문이다."

첫 문단 잘 쓰는 비결은 복잡한 생각을 내려놓고, 자신이 하고 싶은 말을 그 누구에게도 구속당하지 않고 편안하게 쓰는 것이다. 자신의 생각이나 일상의 경험, 다른 사람의 생각이나 경험, 사회적 분위기, 주변 이야기, 명언 등을 질문으로 시작한다든지, 사람들의 소망으로 시작한다든지 자유롭게 시작하면 된다. 소제목을 읽었을 때 가장 먼저 떠오르는 분위기나 생각으로 시작해도 좋다. 일부러 소제목의 의미와 반대되는 질문으로 시작하여 독자의 관심을 끄는 것도 좋다. 즉 장제목과 소제목에 부합하는 내용이면 무엇이든 쓸 수 있다. 한 문장에는 한 개념이나 사실만 담아야 한다.

그리고 문장의 길이는 띄어쓰기 포함하여 50자 이내로 간결하게 쓰는 것이 좋다. 문단의 길이는 특별한 경우를 제외하고는 일곱 줄 정도를 넘기지 않는 것이 좋다. 문단의 길이가 길어지면 흥미진진한 소설을 제외하고는 독서에 대부분 지루함을 느끼게 만들기 때문이다.

작가의 내면에 있는 생각을 표현하기 위해 단순한 단어, 단순한 이야기로 단순하게 시작하면 되는 것이다. 제임스 패터슨이 남긴 다음 말을 의식하며 첫 문단을 시작한다면 성공적인 책 쓰기를 하게 될 것이다.

"글을 쓰기 전에는 항상 내 앞에 마주 앉은 누군가에게 이야기해주는 것이라고 상상하라. 그리고 그 사람이 지루해 자리를 뜨지 않도록 설명해라."

소제목에 어울리는 사례를 찾아라

—

당신만이 전할 수 있는 이야기를 써라.

당신보다 더 똑똑하고 우수한 작가들은 많다.

– 닐 게이먼 –

소제목에 어울리는 사례를 어디에서 찾을까? 초보 작가는 자신의 경험에서만 사례를 찾으려고 애쓴다. 하지만, 기성 작가들은 자신의 경험뿐만이 아니라 다른 사람의 생각이나 경험, 주변 이야기, 뉴스, 베스트셀러 작가의 저서, 신문, 잡지 등 모든 것을 책 쓰기의 좋은 사례로 활용하고 있다. 이렇게 사례를 찾는 범위가 넓다 보니, 기성 작가들은 그날 써야 할 원고 분량을 그날 마치게 되는 것이다. 김태광 작가가 강조한 말이 있다.

이 말 속에는 여러 의미가 들어 있다. 시나 소설을 쓰지 않는 이상, 영감은 그리 중요하지 않다는 말이다. 실용서를 쓰는 저자들에게는 영감보다 알찬 사례만 있으면 한 꼭지 쓸 수 있다는 말이다. 그리고 이 말은 초보 작가들에게 큰 힘이 되는 말이다. 다른 사람들의 책에서 콘텐츠를 사냥하면 되니까. 그런데 허락 없이 마구 사냥하면 안 된다고 김태광 작가는 강조한다. 사냥할 때 유의해야 할 사항이 있다. 다른 저자의 글을 인용하고자 한다면, 해당 출판사나 작가로부터 인용 허락 메일을 받아두어야 한다. 인용 허락 메일을 받지 못할 때는 인용 행위가 누가 봐도 상식적으로 용납이 되는 수준으로 재가공하는 작업이 필요하다. 즉 남이 쓴 글을 그대로 갖다가 쓸 수는 없다는 것이다. 좋은 사례가 있으면 자신의 배 속에 넣었다가 소처럼 되새김질하듯 내놓는 것이다. 즉 읽고 깨달은 점을 쓰거나 요약을 거쳐 자신의 것으로 체화한 다음에 활용해야 한다.

나의 첫 개인 저서 『당신의 삶도 이미 베스트셀러이다』에서 5장 세 번째 소제목 '책을 써야 인생이 완성된다'를 써야 하는데, 소제목을 어떻게 완성해야 할지 막막했다. 어떤 사례를 들어 '책을 써야 인생이 완성된다.'라는 내 생각을 독자에게 전할까? 많이도 고민했다. 그런데 오츠 슈이치의 『죽을 때 후회하는 스물다섯 가지』를 읽은 기억이 떠올랐다. 난 '유네

카'를 외치면서 다음과 같이 써 내려갔다.

"10여 년 전, 저자 오츠 슈이치의 『죽을 때 후회하는 스물다섯 가지』를 읽은 적 있다. 1,000명의 죽음을 지켜본 호스피스 전문의이자 수년간 말기 암 환자를 진료한 의사가 인생의 마지막 순간을 앞둔 사람들이 가장 많이 하는 후회, 스물다섯 가지에 대해 말하고 있다.

죽을 때 후회하는 것 중에 첫째로 꼽는 것이 '사랑하는 사람에게 고맙다는 말을 많이 했더라면'이었다. 그렇다. '고맙다'라는 말을 우리는 일상생활에서 충분히 할 수 있는 상황인데도 하지 않는 경우가 많다. '고맙다'라는 말을 많이 했더라면 사랑을 더 많이 받았을 텐데 말이다. 그리고 '진짜 하고 싶은 일을 했더라면', '조금만 더 겸손했더라면', '친절을 베풀었더라면'이다. 이어서 '나쁜 짓을 하지 않았더라면', '꿈을 꾸고 그 꿈을 이루려고 노력했더라면', '감정에 휘둘리지 않았더라면', '만나고 싶은 사람을 만났더라면', '기억에 남는 연애를 했더라면', '죽도록 일만 하지 않았더라면', '가고 싶은 곳으로 여행을 떠났더라면', '고향을 찾아가 보았더라면', '맛있는 음식을 많이 맛보았더라면'이었다.
이 중에, 내가 당장 실천할 수 있는 것이 무엇인가 살펴보았다. 바로 '맛있는 음식을 많이 맛보았더라면'이었다. 그동안 망고를 먹고 싶어 했으나, 비싸서 사 먹지 못했다. 당장 과일 가게로 달려갔다. 싱싱한 망고는 색상이 좀 흐린 연노랑 빛으로 여러 개 있었다. 그런데 그 옆을 보니, 주름은 좀 생겼지만, 진노란 색상의 망고 2개가 있었다. 나는 색상이 짙은 망고를 선택했다. 집으로 급히 돌아와 물로 깨끗이 씻은 다음, 망고를 길쭉하게 반으로 갈랐다. 망고의 속살이 얼마나 예쁘던지, 겉 색깔보다 속이 더 진노란 빛이었다. 난 먹어보기도 전에 벌써 군침이 돌았다. 천천히 한 입 베어 무니, 이렇게 맛있는 망고일 줄이야! 그동안 먹어본 그 어느 망고와 비교가 되지 않았다. 좀 시든 망고를 고른 것이 탁월한 선택이었다. 겉만 수분이 좀 사라졌을 뿐, 속은 그대로 유지하고 있었다. 당도는 더 높아졌다. 이때 먹은 망고 맛을 잊을 수 없다.

죽음을 앞둔 말기 암 환자들은 식욕이 완전히 떨어지거나 최악의 경우 미각이 없어지기도 했다. 아무리 맛있는 음식을 입에 넣어도 모래알 씹는 것과 같다는 것이다. 건강한 사람들은 잘 이해가 되지 않겠지만, 모래알을 목으로 넘길 수 없듯이 맛있는 망고도 넘길 수 없다는 것이다. 어느 말기 암 환자는 유명한 스시 집에 가서 마지막 만찬을 했는데, 맛을 전혀 느끼지 못했다고 한다. 오츠씨는 건강을 잃기 전에 맛있는 것을 많이 먹어두라고 조언했다.

그리고 또 하나, '죽도록 일만 하지 않았더라면'을 앞으로 꾸준히 실천하여 죽을 때 후회하지 않겠다. 지금까지 일벌로 살았으니, 여왕벌로도 살아봐야 하지 않겠는가!

이 외에도 죽을 때 후회하는 것들이 많았다. '결혼했더라면', '자식이 있었더라면', '자식을 혼인시켰더라면', '유산을 미리 염두에 두었더라면', '내 장례식을 생각했더라면', '내가 살아온 증거를 남겨 두었더라면', '삶과 죽음의 의미를 진지하게 생각했더라면', '건강을 소중히 여겼더라면', '좀 더 일찍 담배를 끊었더라면', '건강할 때 마지막 의사를 밝혔더라면', '치료의 의미를 진지하게 생각했더라면'이다. 후회하는 것들을 보면, 공통적인 것이 '무엇을 했더라면'과 '무엇을 하지 않았더라면'이다. 이런 것들은 우리가 다 알고 있는 것들이고 할 수 있는 것들이다. 실천만 하면 되는 것들이다. 그런데 실천하지 못해 죽을 때 크게 후회하는 것들이다. 죽을 때는 죽음에 대해 생각하기보다 삶에 대한 후회를 더 많이 하는 것처럼 느껴졌다.

이 땅에 사는 동안 해야 할 일들이 많이 있다. 죽을 때 후회하는 것들은 죽기 전 꼭 해야 할 일들이다. 적은 유산이라도 어떻게 물려줘야 할지 미리 문서로 작성해두어야 하고, 자신의 장례식을 어떻게 치를지도 계획을 세워두어야 한다. 이렇게 죽을 때 후회하는 것들을 하나씩 실천하는 것도 잘 살아가는 한 방법이다.

그런데 이런 것들을 실천한다고 해서 인생이 완성되는 것이 아니다. '내가 살아온 증거를 남겨 두었더라면'을 실천해야 인생이 완성된다. 이것을 실천하는 최고의 방법이 책 쓰기이다. 이 후회를 하지 않기 위해,

난 지금 책을 쓰고 있다. 책을 써보니, 내가 살아온 증거를 남길 뿐만 아니라, 얼마나 즐겁고 행복한지 가슴 뛰는 삶을 살고 있다. 나도 열아홉 번째 후회를 하면서 이 세상을 하직할 뻔했다."

이렇게 독서를 한 경험을 바탕으로, 소제목 '책을 써야 인생이 완성된다'를 썼다. 책 쓰기에서 사례 없이 작가의 생각과 가치관, 철학만 있으면 지루하여 술술 읽히지 않는다. 사례가 없는 원고는 반찬 없는 밥을 먹는 것과 같이 밍밍하다. 즉 재미가 없고 감동을 주지 못한다. 사례는 문맥을 자연스럽게 연결해주고, 글을 풍성하게 만들며 읽기에도 쉽고 편하다.

사례는 보통 소제목 당 2개 정도 넣는 것이 좋다. 사례가 좀 길어 한 소제목에 하나가 들어갈 때도 있지만, 짧은 사례는 한 소제목에 3개 넣기도 한다. 베스트셀러를 살펴보면 소제목의 내용에 따라 사례가 적절하게 들어가 있다. 사례 없는 베스트셀러는 없다. 소제목에 어울리는 적절한 사례는 술술 읽히게 만들어, 맛있는 샌드위치를 먹는 느낌이 들게 한다.

각 소제목 당 2~3개 사례를 찾아 놓고 책을 쓰기 시작하는 것이 좋다. 사례를 찾지 못한 소제목이 있다면, 목차를 늘 가지고 다니면서 소제목에 어울리는 사례를 찾도록 노력해야 한다. 일상의 새로운 경험을 하고 그 경험을 넣을 수 있고, 꾸준한 독서를 통해 사례를 찾아 넣을 수도 있다. 타인의 경험을 듣고 넣어도 좋다.

우리가 살아가는 삶의 모든 순간이 책 쓰기 글감들이다. 모든 사람의 모든 경험이 이미 베스트셀러의 글감들이다. 베스트셀러의 삶이 아닌 사람은 없다. 사람마다 각양각색의 애절한 인생 스토리가 있기 때문이다.

이제 당신이 경험한 것들을 회상해보길 바란다. 지금까지 살아오면서 겪은 수많은 경험으로 여러 권의 책을 쓸 수 있다. 특별히 인생의 어두운 터널에 갇혀 있었던 사람은 책 쓰기가 선택이 아니라 필수이다. 그 참혹한 시련을 극복하고 지금 일상생활로 돌아와 외출복으로 갈아입고 출근하고 있다면, 최고의 베스트셀러를 쓸 수 있다. 삶의 모든 순간이 책 쓰기 소재요, 인간 삶 자체가 여러 권의 책이다. 자신에게 기회를 주고 자신에게 응원의 박수를 보내며 책 쓰기에 도전해보길 바란다. 수많은 글감이 써달라고 아우성치며 달려들 것이다. 다음 앤 라모트의 말이 책 쓰기를 할 수 있도록 당신에게 용기를 줄 것이다.

"글을 쓸 때 중요한 것은 나 자신을 믿으라고, 무언가가 이뤄질 거라고 자기최면을 거는 것이다."

05

소제목을 뒷받침하는
명언들을 모아라

—

말은 감정을 만들어낼 뿐 아니라 행동을 만들어내기도 한다.

그리고 그 행동으로부터 삶의 결과가 나온다.

– 앤서니 라빈스 –

인류 역사를 빛낸 동서고금의 명언들!

명언은 어린이나 어른 할 것 없이 사람의 마음을 뒤흔들고, 새로운 세계에 눈을 뜨게 하는 다이나믹한 힘을 지니고 있다. 절망 가운데 빠져 허우적거리고 있을 때, 한 줄의 명언이 등대 역할을 해준다. 중대한 선택의 갈림길에서 밤새도록 고민하며 잠 못 이루고 있을 때, 한 줄의 명언이 인생의 방향을 안내하는 나침반 역할을 해준다. 불안에 휩싸여 아무것도 하지 못하고 우왕좌왕하고 있을 때, 한 줄의 명언이 평안을 가져다주고 용기를 갖게 해준다. 무기력함에 빠져 눈 뜨기조차 버거울 때, 한 줄의 명언이 샘솟는 힘을 가져다준다. 한 치 앞을 내다볼 수 없는 안개 자욱한 인생길에서 한 줄의 명언이 안개를 걷어치우고 탄탄대로로 안내하는 햇빛일 수 있다. 한 줄의 명언은 꿈이 없는 사람에게 꿈을 꾸게 하고, 우유부단하고 나약한 사람에게는 세상도 평정할 수 있는 용기와 열정을 가져다준다. 한 줄의 명언이 이렇게 인생을 크게 변화시키는 힘을 가지고 있다.

독서를 할 때 책 속에 있는 명언을 만나게 되는데, 책 내용보다 명언에서 더 큰 감동을 받는 경우가 있다. 그만큼 명언은 가슴의 울림이 크고, 행동으로 옮기게 만들며, 그 결과물을 만들어내기도 한다.

중학교 때 "아는 것이 힘이다."라고 말한 베이컨의 명언을 듣고, '힘을 기르려면 열심히 공부해야겠다.'라고 생각했다. 그래서 수업 시간마다 명언을 떠올리며 공부하니, 선생님 말씀이 귀에 쏙쏙 들어왔다. "너 자신을 알라."라고 말한 소크라테스의 명언을 듣고, 다른 사람에 대해 비판하기에 앞서 나 자신의 행동을 먼저 돌아보게 하는, 성찰의 습관이 생겼다. 몽테뉴의 『수상록』에서 "습관은 제2의 천성이다."라는 명언을 읽고, 좋은 습관을 들이기 위해 노력했다. 나는 이런 명언들이 좋아서 행동으로 옮기고 싶은 마음에, 중학생 때 명언 노트를 작성하기도 했다.

이렇게 한 줄의 명언이 가져다주는 힘을 알고 있기에, 나의 첫 개인 저서 『당신의 삶도 이미 베스트셀러이다』의 소제목마다 명언을 넣었다. 명언 하나하나가 얼마나 힘이 되고 위로가 되는지, 읽고 또 읽으면서 썼다. 명언을 쓰면서 명언을 만든 사람의 정신세계도 알게 되었다. 워즈워스가 말하기를 "책은 한 권 한 권이 하나의 세계다."라고 말했는데, 명언 하나하나가 그 사람의 '정신세계'이며 '인생'임을 알게 되었다.

38개의 소제목마다 명언으로 시작했다. 명언은 그 소제목이 말하고자 하는 뜻에 가장 가까운 것을 넣으려고 고르고 또 골랐다. 그래서 소제목을 하나씩 읽을 때마다, 명언부터 읽게 된다. 소제목에서 독자에게 전달하고자 하는 나의 생각을 명언이 먼저 힘있게 전달해주고 있다. 중간에 들어가는 명언은, 문맥을 매끄럽게 이어주었으며, 글을 풍성하게 만들기도 한다. 명언이 그 소제목의 끝자락에 들어간 것은 하고 싶은 말을 명언을 빌려 한 번 더 강조하여 끝마무리했다.

4장 5꼭지 '책 쓰기로 당당해진 나를 발견하다'에서 명언을 인용하여 다음과 같이 썼다. 책 쓰기는 힘들고 지친 나의 인생을 회복시켜주었다. 책 쓰기를 통해 당당해진 나를 발견하고 감사하는 마음으로 살아가고 있다. 에머슨이 이렇게 말했다.

"책을 읽는다는 것은 많은 경우에 자신의 미래를 만든다는 것과 같은 뜻이다."

난 이 말을 이렇게 바꾸고 싶다.

"책을 쓴다는 것은 자신의 눈부신 미래를 만들고 있다는 것이다."

책 쓰기를 통해 자신의 꿈을 실현하기를 바란다. 오직 흔들리지 않는 신념으로 앞으로 나아가면, 당당해진 자신을 발견할 것이다.

4장 8꼭지 '나를 성장시키는 책 쓰기의 힘'에서 명언을 인용하여 '책 쓰기'에 대해 다음과 같이 강조했다. J. 에디슨은 이렇게 말했다.

"성공을 원한다면 많은 것들과 친해져야 한다. 인내심은 당신의 소중한 친구로, 경험은 친절한 상담자로, 신중함은 당신의 형제로, 희망은 늘 곁에서 지켜주는 부모님처럼 친해져야 한다."

에디슨의 이 말을 나는 이렇게 조금 바꾸고 싶다.

"성공을 원한다면 책 쓰기와 친해져야 한다. 책이 써지지 않을 때, 인내심은 당신의 소중한 친구로, 경험은 친절한 상담자로, 신중함은 당신의 형제로, 희망은 늘 곁에서 지켜주는 부모님처럼 친해져야 한다."

어떤 독자는 나의 책을 읽으면서 명언과 성구가 적절하게 잘 들어가 있어 맛있는 샌드위치를 먹는 느낌이었다고 했다. 어떤 독자는 명언이 있어 책 내용을 더욱 풍성하게 하고 가치 있게 만들어, 밑줄을 그으면서 읽었다고 했다. 어떤 독자는 책 내용도 술술 읽혀서 좋았고, 명언도 있어 책을 읽으면서 내내 힘을 얻었다고 했다. 내가 기대한 대로 명언이 책 내용을 더욱 풍성하게 하였고, 힘을 실어주었다. 특별히 어떤 독자는 214쪽을 가리키면서 마르쿠스 아우렐리우스의 명언을 비롯하여 내가 이어서 쓴 부분을 읽고, 절망 가운데 있었던 자신이 일어날 힘을 얻었다고 했다.

"자신이 생각하기에 따라 인생이 달라진다."

"자신이 행복하다고 생각하면 행복한 인생이요, 불행하다고 생각하면 불행한 인생이다. 성공한다고 생각하면 성공하는 인생이요, 실패한다고 생각하면 실패하는 인생이다. 하나씩 마음을 바꾸면 행동이 달라질 것이요, 하나씩 행동을 바꾸면 인생이 달라질 것이다. 하나씩 마음을 바꾼 것이 인생을 바꿔놓을 것이다."

앞으로도 나는 책을 쓸 때마다 명언을 넣을 생각이다. 소제목에 어울리는 명언을 넣고 소제목을 풀어 쓸 때, 명언이 명언다운 역할을 톡톡히 해줄 것이다.

다음 명언들을 정독해서 두세 번 읽어보길 바란다. 그리고 자신의 것으로 만들어보길 바란다. 분명히 성공의 문으로 들어가게 될 것이다.

"과거로 돌아가서 시작을 바꿀 수는 없다. 하지만 지금부터 시작하여 미래의 결과를 바꿀 수는 있다. " – C.S. 루이스 –

"아주 많은 실수를 저지를 것이 아니라면, 옳은 선택 몇 개만으로도 인생은 성공할 수 있다." – 워런 버핏 –

"미련한 자는 자기의 경험을 통해서만 알려고 하고, 지혜로운 자는 남의 경험을 통해 배워나간다." – 제임스 A. 프루드 –

"우리는 1년 후면 다 잊어버릴 슬픔을 간직하느라고, 무엇과도 바꿀 수 없는 소중한 시간을 낭비하고 있다. 소심하게 굴기에는 인생은 너무 짧다." – 데일 카네기 –

"생각은 인생의 소금이다. 음식을 먹기 전에 먼저 간을 보듯 행동하기

전에 먼저 생각하라." - 에드워드 리튼 -

"기회는 대개 힘든 일로 가장하고 나타나기 때문에 많은 사람이 기회를 알아보지 못한다." - 앤 랜더스 -

"나는 한 시간의 독서로 사그라지지 않는 그 어떤 슬픔도 경험하지 못했다." - 몽테스키외 -

"평온한 바다는 결코 유능한 뱃사공을 만들 수 없다." - 영국 속담 -

한 권의 책보다 한 줄의 명언이 사람의 감정을 움직이게 하고 인생을 변화시키기도 한다. 수많은 사람의 인생을 성공으로 끌어내기도 한다. 어려운 환경에서도 꿈을 갖게 하고, 꿈을 이루게 하며, 행복한 삶을 살아가도록 만들기도 한다. 그리고 세상을 바르게 보는 눈도 갖게 한다. 단 한 줄의 명언에는 끊임없이 도전한 도전자의 정신세계가 들어 있기 때문이다.

06

초고 쓰면서
계속 베스트셀러를 읽어라

–

좋은 책을 읽는 것은 과거 몇 세기의 가장 훌륭한 사람들과
이야기를 나누는 것과 같다.

– 르네 데카르트 –

고등학교 시절, 고 김태길 교수의 수필을 국어 교과서에서 읽었다. 제목은「글을 쓴다는 것」으로, 이렇게 시작된다.

"사람은 가끔 자기 스스로를 차분히 안으로 정리할 필요를 느낀다. 나는 어디까지 와 있으며, 어느 곳에 어떠한 자세로 서 있는가? 나는 유언무언 중에 나 자신 또는 남에게 약속한 바를 어느 정도까지 충실하게 실천해 왔는가?"

김태길 교수는 안으로 자기를 정리하는 방법 가운데에서 가장 좋은 것은 반성의 자세로 글을 쓰는 일이라고 했다. 그리고 글을 쓸 때 '하고 싶은 말이 안으로부터 넘쳐흐를 때, 그때 비로소 붓을 들어야 한다.'라고 강조했다. 또한 글이란, 체험과 사색의 기록이어야 하며, 체험과 사색에는 시간이 필요하다는 것이다. 만약 글이 읽을 만한 것이 되어야 한다고 믿는다면, 체험하고 사색할 시간의 여유를 가지라고 했다. 암탉의 배를 가르고, 생기다 만 알을 꺼내는 것은 어리석은 일인 것처럼, 한동안 붓두껍을 덮어두는 것이 극히 필요하다고 했다. 하고 싶은 말이 안으로부터 넘쳐흐를 때, 그때에 비로소 붓을 들어야 한다고 했다.

글을 쓰는 것은 자신의 과거와 현재를 기록하고 미래를 위해 인생의 이정표를 세우는 작업이라고 김태길 교수는 말한다. 글을 쓴다는 것은 자신의 엉클어지고 흐트러진 감정을 가라앉혀 고요한 자신으로 돌아오는 묘방(妙方)이라고도 했다. 분노와 슬픔과 괴로움이 있거든 종이 위에 적어 보라고 했다. 적은 내용이 객관적인 사실로 떠오르고, 그것들을 바라보는 마음의 여유를 가지게 될 것이라고 했다.

감성이 풍부했던 여고생 시절, 나에게 가장 큰 충격을 안겨다 준 문장은 "암탉의 배를 가르고, 생기다 만 알을 꺼내는 것은 어리석은 일이다."였다. 알을 꺼내고 싶다고 해서 암탉의 배를 가를 수 없듯이, 글도 억지로 쓸 수 없다는 것이다. 하고 싶은 말이 안으로부터 넘쳐흐를 때, 그때 비로소 글을 써야 한다고 강조했다.

그러면, 하고 싶은 말이 안으로부터 넘쳐흐를 수 있도록 어떻게 해야 하는가? 김태길 교수는 체험과 사색의 시간이 필요하다고 했다. 체험과 사색의 최고 방법은 무엇일까? 여러 가지가 있지만, 짧은 시간에 다양한 체험과 사색할 수 있도록 만드는 최고의 방법은 경쟁 도서 베스트셀러를 읽는 것이라고 생각한다. 경쟁 도서를 읽고 또 읽게 되면, 자연스레 깊이 사색하게 되고, 깊이 사색하다 보면 사색이 넘쳐흘러 빨리 쓰고 싶어질 것이다. 중국의 시성 두보는 이런 말을 남겼다.

"만 권의 책을 읽으면 글을 쓰는 것도 신의 경지에 이른다(독서파만권 讀書破萬卷 하필여유신 下筆如有神)"

글이 써지지 않을 때, 두보의 이 말을 떠올린다면 다음과 같은 질문은 하지 않게 될 것이다.

"저는 글이 써지지 않아요. 어떻게 하면 글을 쓸 수 있지요?"
"첫 문단은 잘 시작하고 이어서 써 내려갔는데, 마무리를 잘하지 못하겠어요. 어떻게 하죠?"

글이 써지지 않을 때, 최고의 방법은 독서이다. 실제 어떤 작가는 목차는 완성이 되었는데, 글이 써지지 않는다고 하면서, 쓰고 싶은 소제목부터 골라 쓰는 것을 보았다. 어느 소제목이든 쓰고 싶은 것부터 써도 되지만, 나는 차례차례 쓰는 습관을 들였다. 좀 내용이 충실하지 못하더라도 퇴고를 통해 채우면 되므로, 일단 쓰고 본다. 쓰면 써지고, 쓰다가 막히면 베스트셀러를 읽는다.

고등학교 때 김태길 교수의 「글을 쓴다는 것」 외에 영문학자이자 수필가 이양하 씨의 「신록예찬」, 민태원의 「청춘예찬」을 공부하면서 수필의 매력에 빠졌었다. 고등학교를 졸업하고 어른이 되었는데도, 이 명수필들은 내 머릿속에서 떠나질 않았다. 해마다 5월이 되면 「신록예찬」이 생각난다.

"봄, 여름, 가을, 겨울 두루 사시(四時)를 두고 자연이 우리에게 내리는 혜택에는 제한이 없다. 그러나 그중에도 그 혜택을 풍성히 아낌없이 내리는 시절은 봄과 여름이요."

학생들을 보면 「청춘예찬」이 생각난다.

"청춘! 이는 듣기만 하여도 가슴이 설레는 말이다. 청춘! 너의 두 손을 가슴에 대고, 물방아 같은 심장의 고동을 들어보라. 청춘의 피는 끓는다. 끓는 피에 뛰노는 심장은 거선(巨船)의 기관같이 힘 있다."

이렇게 좋은 글은 평생을 두고 기억나게 만든다. 체험과 깊은 사색의 기록으로, 독자에게 감동과 여운을 주기 때문이다.

일단 책 쓰기를 시작하면 심혈을 기울여 써야 한다. 글을 쓰면서 여러 사람의 칭찬을 받기 위해 애쓸 필요는 없다. 거짓 없이 진실하게 쓰면 되는 것이다. 누군가 독서를 통해 작가의 경험, 작가의 깨달음을 통해서 가슴앓이를 멈추고 삶의 활력소를 찾는다면, 작가는 그것만으로 만족해야 한다. 누군가 책 속의 메시지 한 줄로 인해 삶에 다시 눈을 뜨게 된다면, 작가에게 이보다 더 가슴 벅찬 일이 어디 있겠는가! 책을 쓴다는 것은 즐거운 작업이어야 하며, 가슴 뛰는 일이 되어야 한다. 한 권의 책이 세계를 돌아다니며 여러 사람에게 선한 영향력을 펼치게 된다. 작가는 이것만 생각하며 책을 쓰면 되는 것이다.

그러기 위하여 우선 필요한 것은 자아를 안으로 깊고 크게 성장시키는 일이다. 이렇게 하기 위한 최고의 방법이 책을 읽고 깊이 사색하는 일, 그리고 사색이 넘쳐날 때 책을 쓰는 것이다. 구양수의 다독(多讀), 다상량(多商量), 다작(多作)이 뜻하는 삼다(三多)를 모른다고 해도, 스티븐 킹

(미국 소설가)이 남긴 다음 말도 있다.

"만약 글을 쓰고 싶다면 많이 읽고 많이 써라."

글이 써지지 않을 때, 경쟁 도서의 베스트셀러를 읽고 사색하는 것이 그 해결 방법이다.

07

객관적·설득적인 콘텐츠로
공신력을 높여라

–

작가는 다른 사람들보다 글쓰기를 어려워하는 사람이다.

– 토마스 만 –

소설이나 희곡 등은 작가의 생각만으로 책을 쓰는 것이 가능하다. 즉 작가의 창조적인 생각만으로 책 쓰기가 가능하다. 그러나 자기계발서를 포함한 실용서들은 책의 주제와 콘셉트에 대한 공신력을 높이기 위해서는 반드시 객관적인 콘텐츠가 필요하다.

나의 첫 개인 저서 『당신의 삶도 이미 베스트셀러이다』의 3장 「삶이 가져다주는 축복들」 두 번째 소제목 '삶은 아픈 만큼 성숙한다'에서, 곤충학자 찰스 코우만 여사의 '애벌레가 나비가 되는 과정을 연구하면서 실수한 이야기'를 다음과 같이 가져다 활용했다.

"나비가 작은 고치에 구멍을 내며 몸부림을 치면서 막 나오려고 하는 것을 여사가 발견했다. 그런데 몇 시간을 기다렸지만, 나비가 그 작은 구멍을 뚫고 나오지 못했다. 이러다가는 영영 나오질 못할 것 같은 생각이 들었다. 긴 시간 애를 쓰고 있는 나비가 안쓰러워 가위로 고치 구멍을 조금 뚫어 주었다. 비로소 나비는 쉽게 고치를 빠져나왔다.

그런데 나비는 아주 작았고, 찌부러진 상태로 가냘픈 날개를 가지고 있었다. 찰스 코우만 여사는 '나비가 곧 날개를 활짝 펴겠지'라고 생각했다. 나비가 자기 몸을 지탱할 만큼 튼튼해지기를 기대하면서 지켜보기로 했다. 하지만 그 나비는 계속 말라비틀어진 몸뚱아리와 찌그러진 날개를 지닌 채, 날개를 질질 끌며 바닥을 왔다 갔다 했다. 그리고 끝까지 날지 못했다. 이제는 움직이지도 않았다.

나비가 탄생하는 과정은 몇 주 동안 애벌레가 고치 속에서 변태의 과정을 거쳐 나비가 된다. 나비가 고치를 뚫고 나오려고 발버둥을 칠 때, 찰스 코우만 여사처럼 고치를 찢어서 나비가 쉽게 나오도록 도와주고 싶을 것이다. 그러나, 나비가 작은 고치 구멍을 빠져나오려고 애쓰는 동안, 그 몸통에 있던 액체가 분비되어 날개를 적시게 된다. 그러면서 딘런딘

날개가 날 힘을 얻게 된다. 고투의 과정을 거치지 않은 나비는 나약해져서 날아오르지 못하고 죽는다. 나비가 되어 날아오르기 위해서는 반드시 스스로 고치를 뚫고 나오는 고난의 과정이 필요하다."

3장 세 번째 소제목 '간절하면 꿈이 이루어진다'에서는 세계 골프계에서 '파이널 퀸', '역전의 여왕', '골프여제'로 수많은 별명을 가진 골프 선수 신지애의 이야기를 가져다 썼다. 신지애의 꿈이 매우 간절하여 이루어냈기 때문이다.

"신지애는 대한민국을 대표하는 프로골퍼다. 그는 KLPGA를 석권하고 세계 무대인 LPGA에 입성, 최연소 LPGA 브리티시 오픈 우승을 포함한 다양한 기록들을 세우며 당당하게 세계 랭킹 1위에 올랐다. 이런 실적을 올린 신지애의 꿈은 얼마나 간절한 마음이 있었을까?

역전의 여왕 신지애는 큰 시련이 있었다. 큰 시련은 신지애에게 간절한 꿈을 갖게 했다.

아버지의 권유로 골프를 시작했는데, 중2 때 가정형편이 어려워져 골프를 계속할 수 없게 되었다. 즉 훈련비가 없었다. 그러나 신지애는 여기에 좌절하지 않고, 여러 골프장을 찾아다니며 연습하게 해달라고 사장들에게 사정했다. 그 중, 신지애가 주로 찾던 골프장 사장이 여학생의 끈기와 성실함에 감동해 무기한 연습할 수 있도록 허락했다. 그뿐만 아니라

전국대회에도 출전할 경비를 지불했다.(경비를 대주었다.)

그런데 안타깝게도 2003년에 신지애가 감당하기 어려운 큰 시련이 닥쳤다. 딸의 경기를 보러 가던 어머니와 동생들이 교통사고를 당해 어머니가 돌아가신 것이다. 얼마 후 신지애의 아버지는 딸에게 1,500만 원을 주며 이렇게 말했다.

'네 엄마의 목숨과 바꾼 돈이다.'

빚을 갚고 남은 어머니의 사망보험금으로 신지애는 목숨 걸고 연습하기 시작했다. 휴대전화 바탕에는 '훈련은 근육의 지능을 만든다'라는 문구를 넣었다. 신지애는 이 문구를 볼 때마다 결심을 다졌다. 그렇게 치열하게 연습한 결과, 2005년 SK 엔크린 인비테이셔널에서 아마추어로 우승해 그해 프로로 전향했다. 드라이버 샷과 쇼트아이언 샷이 자신 있다는 그녀는 평균 드라이버 거리가 260야드다. 2006년에는 국내 무대를 석권했고, 2007년에는 국내의 모든 기록을 경신했다. 2008년에는 초청 선수로 참가한 LPGA 투어 브리티시 오픈에서 첫 메이저 대회 우승의 영광을 얻었다. 또한, 박세리가 세웠던 대회 최연소 우승 기록을 경신하기도 했다. 2010년 5월 3일에는 아시아인 최초로 여자골프 세계 랭킹 1위에 등극해 파이널 라운드의 여왕 자리에 앉았다.

신지애는 엄마의 목숨과 바꾼 돈으로 골프 연습을 했다. 그러다 보니 그 꿈이 얼마나 간절했을까! 신지애에게 닥친 큰 시련은 꿈에 대한 간절함의 크기였고, 바로 성공의 크기였다. 큰 시련을 견디어낸 보상으로, 성공이라는 선물을 받은 것이다."

3장 일곱 번째 소제목 '시련은 변형된 축복으로 나타난다'에서는 내 경험을 사례로 들기에는 너무나 부족한 사례가 될 것 같았다. 그래서 독자들에게 공신력을 높이기 위해 성경에 나오는 인물인 '요셉 이야기'와 『하나님의 타이밍』의 저자 '오스 힐먼'의 삶의 이야기를 활용하여 다음과 같이 써 내려갔다.

"오스 힐먼은 저서 『하나님의 타이밍』에서 자신이 14세였던 1966년의 9월에, 집에서 TV를 보고 있는데, 갑자기 뉴스 속보가 나온 이야기를 들려준다.

'테레시 산악 지대에서의 비행기 추락사고로 세 명의 저명한 사업가들이 사망'

그는 아버지의 사망 소식을 그렇게 알게 되었다. 오스 힐먼은 아버지 없이 자라는 과정이 힘들고 고통스러웠다고 한다. 아버지를 사랑했고 또 아버지가 필요한데, 왜 하나님이 아버지를 그렇게 갑자기 데려가셨는지 이해할 수 없었다. 아무리 생각해도 그 죽음을 '축복'으로 여길 수는 없었다고 한다.

그런데 비극으로부터 생기는 축복들을 자신은 계속해 봐왔기 때문에, 아버지가 돌아가신 이후로, 하나님은 자신으로 하여금 일찍이 아버지를 여윈 사람들을 많이 만나게 하셨다고 한다. 자신의 경험으로 자신과 유사한 아픔을 겪는 이들과 곧바로 어울릴 수 있었고, 다른 사람들이 잘 이해하기 힘든 경험을 함께 나누었다고 한다.

그는 별거와 이혼 기간에도, 예전에 결코 알지 못했으며, 극복할 수 있으리라고는 상상도 못 한 정서적인 고통을 경험했다고 한다. 그리고 하나님은 다른 사람들의 축복을 위해 자신의 고통을 이용하셨다고 한다. 결혼 위기에 직면한 사람들과 대화할 때, 행복한 결혼생활을 하는 사람들은 결코 할 수 없는 방식으로 그들을 이해했으며, 그들을 격려할 때도 자신의 경험에서 나오는 말로 했다고 한다. 최근에 이혼한 사람에게 이혼 이후의 삶이 엄연히 존재함을 말할 때도 그들은 자신의 말을 신뢰해 주었다고 한다.

7년간의 재정적인 역경을 겪을 때도 축복이었다고 말할 수는 없지만, 하나님은 다른 이들에게 축복을 전하시고자 자신의 시련을 이용하셨다고 말하고 있다. 이로써 사업 실패나 재정적인 손실을 당하는 어떤 사람을 만날 때는, 서로를 묶어주는 공감대가 곧바로 형성되었다는 것이다.

하나님은 우리의 온갖 역경들, 곧 심장마비, 암, 자동차 사고, 중범죄, 파산, 사랑하는 사람과의 사별 등을 취해 그 고통을 주변 사람들을 위한 축복으로 변화시키실 수 있다고 오스 힐먼은 말한다. 그리고 이런 경험을 통해 다른 이들을 더 잘 위로하고 격려할 수 있게 된다고 한다. 역경이 결코 축복일 수는 없지만, 하나님은 은혜 가운데 역경으로부터 축복을 끌어내실 수 있다고 강조하여 말하고 있다."

이처럼 각 꼭지에 맞는 객관적이고 설득력 있는 콘텐츠를 실어야, 공신력을 높일 수 있다. 그래야 지루하지 않으면서도 저자가 말하고자 하는 바를 독자들에게 전달할 수 있게 된다. 객관적인 콘텐츠 없이 저자의 주관적인 생각만을 나열하면, 설득력도 없거니와 자신의 생각이 옳다고 고집을 부리는 것과 다름없다. 독자들에게 공신력을 높이고 감흥을 줄 수 있는 책을 쓰기 위해서는 다른 저자의 책, 신문이나 잡지 등 다양한 매체를 활용하는 것이 좋다. 즉 객관적인 콘텐츠를 확보하여 소제목에 어울리도록 재가공하는 작업이 필요하다.

소제목에 어울리도록 재가공하는 작업이란 환골탈태(換骨奪胎)를 말한다. 중국 남송의 승려 혜홍(惠洪)의 『냉재야화(冷齋夜話)』에 나오는 말로, 뼈대를 바꾸어 끼고 태를 바꾸어 쓴다는 뜻으로, 고인의 시문 형식을 바꾸어서 그 짜임새와 수법이 먼저의 바꾸기 전 것보다 잘되게 함을 이르는 말이다. 다른 작가의 글을 환골탈태시키는 능력은 하루아침에 생기지 않는다. 좋은 글을 많이 읽고 많이 생각하며 많이 써봐야 가능해진다.

08

베스트셀러, 걸레 같은
초고에서 탄생한다

—

글에서 '매우', '무척' 등의 단어만 빼도 좋은 글이 완성된다.

– 마크 트웨인 –

첫 개인 저서 『당신의 삶도 이미 베스트셀러이다』의 초고를 쓰면서, 단어의 선택은 잘했는지, 문장과 문장의 연결이 잘 되었는지, 문단과 문단의 연결은 어색하지 않은지, 첫 문단 시작을 자연스럽게 했는지, 소제목에 어울리는 적절한 사례를 들었는지 등을 계속 점검하면서 글을 썼다. 그리고 두세 번 더 읽으면서 고쳐쓰기를 했다. '이 정도면 괜찮겠지!'라는 생각에, 작년 8월 31일 투고 이메일을 여러 출판사로 보냈다. 다음 날 아침, 몇 출판사에서 이메일로 연락이 오고, 전화로도 연락이 왔나. 꿈민 같게도 그 중, 한국경제신문i 출판사와 9월 1일 오전에 계약이 이루어졌다.

이제 곧 세상에 책이 나오는데, 이대로 출판사에 맡길 수는 없었다. 출판사 대표님께 1개월만 퇴고할 시간을 달라고 했다. 대표님은 어떤 단어를 선택하느냐에 따라서 뉘앙스가 달라지니, 신물 날 때까지 퇴고 과정을 거치라고 했다.

그래서 고쳐쓰기를 하고 또 하기를 세 번 했을 때, 벌써 1개월이나 지났다. 직장에 다니면서 퇴근 후에나 고쳐쓰기를 할 수 있으니, 신물이 나게 할 시간이 없었다. 한 달을 더 달라고 했다. 대표님은 시간을 정하지 말고 신물 날 때까지 또 고치라고 했다. 다섯 번 정도 퇴고하고 나니, 이제 더는 원고를 읽고 싶지 않게 되었다. 이렇게 퇴고 과정을 거쳐 원고를 넘겼다. 출판사는 저자가 정성껏 퇴고한 원고를 원한다.

이렇게 신물이 날 때까지 퇴고하고 PDF파일에서도 퇴고했는데, 인쇄되어 나온 책을 보니, 반복된 단어도 있었고 오타도 있었다. 부자연스러운 문맥도 발견했다. 컴퓨터 화면이 아닌 책으로 읽어보니, 잘 자란 벼 사이에 드러나 있는 피같이 오타가 잘 보였다.

쓰는 동안 이미 지겹도록 본 초고를 처음부터 다시 읽고 고쳐 쓴다는 것은 쉬운 일이 아니다. 하지만 세계적인 베스트셀러 작가들은 한 작품을 세상에 내놓기까지 수십 번에서, 많게는 수백 번의 퇴고 과정을 거치게 된다. 이런 퇴고 과정에서 원고의 완성도가 높아지니, 베스트셀러가 탄생하는 것이다.

세계적인 베스트셀러 작가 베르나르 베르베르가 있다. 그의 첫 작품 『개미』는 프랑스에서보다 우리나라에서 더 많은 인기를 얻고 있는 작품이다. 이 소설은 개미를 관찰하기 시작한 열두 살 무렵부터 시작되어, 무려 20여 년의 연구와 관찰을 통해 만들어졌다. 작가는 개미에 관한 소설을 쓰기 위해 12년 동안 컴퓨터와 씨름하면서 수없이 고쳐 썼다. 이 기간에 100번이나 넘게 퇴고했다고 한다.

미국의 소설가 헤밍웨이는 1923년 『세 편의 단편과 열 편의 시(詩)』를 시작으로, 첫 소설 『태양은 또다시 떠오른다』를 쓰기 시작하여, 대표작 『무기여 잘 있거라』, 『누구를 위하여 종을 울리나 』, 『노인과 바다』를 남겼다. 그는 대표작 중에 『노인과 바다』로 퓰리처상, 노벨문학상을 타기도 했다. 그는 "모든 초고는 걸레다."라는 과격한 표현으로 고쳐쓰기를 강조했다. 또한, 그는 원고는 고치면 고칠수록 좋은 글로 거듭날 수 있음을 강조하기 위해 다음과 같이 표현했다.

"모든 문서의 초안은 끔찍하다. 글 쓰는 데에는 숙지고 앉아서 쓰는 수밖에 없다. 나는 『무기여 잘 있거라』를 마지막 페이지까지 총 39번 새로 썼다.”

『무기여 잘 있거라』는 전쟁과 사랑, 인간 존재에 대한 깊이 있는 통찰을 다룬 소설로, 어니스트 헤밍웨이가 두 번째로 쓴 소설이다. 열아홉 나이에 이탈리아 전선에서 겪은 경험을 바탕으로 쓴 자전적 소설이다. 총 39번이나 새로 썼다는 장편소설 일부분을 읽어보면, 베스트셀러가 될 수밖에 없음을 알아차릴 것이다.

“강바닥에는 햇살에 그을린 자갈과 바위가 하얗게 빛나고 있었고, 맑고 푸른 강물은 물길을 따라 빠르게 흐르고 있었다. 군인들이 집 앞을 지나가면 흙먼지가 일어나 나뭇잎과 나무 몸통을 뽀얗게 뒤덮었다.”

전쟁터에 대한 구체적 묘사로, 독자들의 마음에 그림을 그리는 화가와 같다. 감정이 배제되고, 사실적으로 서술해 문체가 건조체이다. 우리말로 번역하는 과정에서 어감의 차이가 좀 있을 수 있다. 그러나 번역문을 보니, 흠잡을 데 하나도 없다. 그는 초고를 완성한 뒤, 거의 모든 페이지의 내용을 새로 쓰고 또 새로 쓰기를 서른아홉 번이나 했다. 그러므로 땀과 눈물로 퇴고 과정을 마쳤다고 볼 수 있다.

퓰리처상, 노벨문학상을 받은 『노인과 바다』는 퇴고 과정을 무려 200번이나 거친 것으로 알려져 있다. 이러한 퇴고 과정을 통해 단어의 선택은 물론 문맥은 매끄럽게 다듬어지고, 스토리 구조는 더욱 탄탄하게 되었을 것이다. 다음은 『노인과 바다』 영어 원문과 번역문이다. 한국어로 번역된 책들 사이에 좀 차이가 있지만, 원문과 번역문을 읽으면서 '헤밍웨이가 얼마나 고심하면서 퇴고했을까?' 상상해보기를 바란다.

"He was an old man who fished alone in a skiff in the Gulf Stream and he had gone eighty-four days now without taking a fish."(원문)

"그는 멕시코 만류에서 조그만 돛단배로 혼자 고기잡이를 하는 노인이었다. 팔십사 일 동안 그는 바다에 나가서 고기를 한 마리도 못 잡았다."(문학동네)

"그는 멕시코 만류에서 조각배를 타고 홀로 고기잡이 하는 노인이었다. 여든 날 하고도 나흘이 지나도록 고기 한 마리 낚지 못했다."(민음사)

"그는 멕시코 만류가 흐르는 바다에서 홀로 작은 배를 몰며 고기잡이를 하는 노인이었다. 그 노인은 여든하고 네 번째 날이 지나도록 작은 고기 한 마리조차 낚지 못했다."(세종사)

글을 전문적으로 쓰는 작가나 베스트셀러 작가들은 고쳐쓰기의 효과를 잘 알고 있다. 미국의 동화작가 E.B 화이트의 말을 들어보면, 고쳐쓰기가 얼마나 중요한지 짐작할 만하다.

"위대한 글쓰기는 존재하지 않는다. 오직 위대한 고쳐쓰기만 존재할 뿐이다."

다음은 고쳐쓰기를 할 때 꼭 점검해야 할 사항들이다.

첫째, 오타가 있는지 꼼꼼하게 점검한다. 맞춤법 검사 · 교정 프로그램이 정확하지는 않지만, 자신의 맞춤법 실력에만 의지하지 말고, 프로그램으로 점검해본다.

둘째, 접속어가 적절하게 쓰였는지 점검한다.

셋째, 적절한 단어로 표현하여, 문장에 군더더기 표현이 있는지 점검한다.

넷째, 문장과 문장이 잘 연결되어, 문맥이 자연스러운지 점검한다.

다섯째, 첫 문단 시작은 자연스러운지, 마지막 문단은 마무리가 잘 되었는지 점검한다.

여섯째, 타인의 글을 인용할 때 인용법에 위배되지 않는지 점검한다.

일곱째, 소제목의 콘셉트에 적절하지 않은 사례가 있으면, 과감하게 다른 사례로 바꾼다.

여덟째, 소제목의 콘셉트에 맞는 생각과 가치관, 철학을 말하고 있는
지 점검한다.

아홉째, 문장이 간결하지 않고 길어서, 의미 전달이 애매모호한지 점
검한다.

이처럼 점검 사항이 많이 있는데, 가장 쉽게 고쳐쓰기를 하는 방법은
소리 내어 읽는 것이다. 큰 소리로 읽으면 오타, 어색한 문장 등을 쉽게
발견할 수 있다. 혼자 읽는 것보다 동생이나 자녀 등 다른 사람에게 읽어
주면 잘못된 부분을 더욱 쉽게 발견하여 효율적인 고쳐쓰기를 할 수 있
다.

대부분의 베스트셀러들은 이렇게 수십 번에서 수백 번의 퇴고 과정을
거친 뒤 출간하게 된다. 퇴고를 반복하는 횟수가 늘어날수록 원고의 완
성도는 높아진다. 이렇게 퇴고는 저자가 반드시 거쳐야 할 중요한 책 쓰
기 과정 중 하나다.

당신도 이미 베스트셀러 작가이다

5장

성공적인
출판사 계약과
홍보 마케팅 방법

01

돋보이는 출간 제안서를
작성하라

–

인간의 존재를 결정짓는 것은 그가 읽은 책과 그가 쓴 글이다.

– 표도르 도스토옙스키 –

출간 제안서는 원고를 완성하고 출판사로 투고하기 전에 작성하는 것이다. 즉 자신이 투고하는 원고가 출판사 편집자들의 마음을 사로잡아 출간하고 싶은 욕구가 일어나도록 만드는 일종의 원고 내용 설명서이다.

다음은 출간 제안서 양식이다.

〈 출간 제안서 〉

1. 책 제목(가제)

2. 저자 프로필

3. 책 기획 의도

4. 핵심 독자층

5. 핵심 콘셉트

6. 책의 경쟁력과 가치

7. 홍보 및 마케팅 계획

8. 저서 구매 부수

9. 예상 출간 시기

10. 목차(장제목과 소제목)

귀사와 좋은 인연이 되기를 희망합니다.

저자명 및 연락처

나는 아래와 같이 출간 제안서를 작성했다.

안녕하세요?

『당신의 삶도 이미 베스트셀러이다』의 저자 김선옥입니다.

저는 충남 홍성군 소재, 중·고등학교에서 근무하는 올해 33년 차에 접어드는 중등 교사입니다.

대학에서 국어국문학을 전공하고 국어 교사로 26년, 진로 교사로 전과하여 7년째 교육사업에 전념하고 있습니다. 2008년에는 〈아동문학평론〉 봄호에 동시 부문 「엄마 생각」 외 2편으로 동시인으로 등단했습니다. 저서로는 『보물지도 21』이 있고, 현재 자기계발 작가, 동기부여가, 청소년들의 멘토로 상담 활동 중입니다. 저의 꿈은 은퇴 후, 작가이자 희망의 메신저로 활동하는 것입니다.

『당신의 삶도 이미 베스트셀러이다』에는 중등 국어 교사로서 교직 생활에 대한 회상과 보람, 지금까지 여러 경험을 통해서 얻은 깨달음. 그리고 현재 책을 쓰기 시작하면서 가슴 뛰는 삶을 살아가고 있는 내용으로 구성했습니다. 학생들 백일장 지도 및 웅변 원고 지도, 동시인으로 등단한 이야기, 여러 시련을 겪었지만, 고통은 있어도 절망은 없다는 깨달음, 멀리 경상도로 발령이 나 어린 자녀들과 떨어져 있을 때 극복해낸 이야기, 산다는 것은 그 자체가 축복이며 훌륭한 인생 교과서를 만들어가는 과정이라고 사례를 들어 내용을 구성했습니다.

또한, 책을 쓰기 시작하게 된 계기와 책 쓰기로 가슴 뛰는 삶을 살아가고 있는 이야기를 담았습니다. 그리고, 책 쓰기의 유익한 점, 책 쓰기를 할 때의 유의할 점 등을 통해서 책을 읽고 있는 독자들은 당장 책 쓰기를 통해 자신을 브랜딩할 수 있도록 희망의 메시지를 전달하고자 했습니다. 책 쓰기는 인생을 바꾸어줄 선택이 아니라 필수임을 강조하여, 이 책을 읽는 독자들은 모두 책 쓰기를 할 것을 제안했습니다. 그리하여 책 쓰기를 통해 가슴 뛰는 삶을 살게 되고, 희망의 메신저로 활동하는 데, 이 책이 교과서가 되길 간절히 바라는 마음으로 집필했습니다.

『당신의 삶도 이미 베스트셀러이다』

1장 : 고통은 있어도 절망은 없다

2장 : 산다는 것은 훌륭한 인생 교과서를 만드는 것

3장 : 삶이 가져다주는 축복들

4장 : 그동안 몰랐던 책 쓰기의 8가지 유익

5장 : 인생을 바꾸고 싶다면 당신의 책을 써라

　(이하 생략)

출간 제안서를 작성할 때, 누구나 설레면서도 긴장되고 걱정될 것이다. '내 원고를 읽고, 출간해주겠으니 계약하자고 연락해오는 출판사가 과연 있을까?'라고 생각하며 작성할 테니 말이다. 그러나 이런 걱정은 하지 않아도 된다. 자신이 쓴 원고와 맞는 출판사가 반드시 한 곳은 있게 마련이다. 즉 꿈만 같게도 출판사와 계약이 이루어질 것이다.

단 한 가지 조건은 출간 제안서를 임팩트 있게 잘 써야 한다. 즉 충격적일 만큼 인상을 강하게 남길 수 있도록 써야 한다. 출간 제안서의 내용이 편집자들의 눈길을 끌지 못하면, 몇 달 동안 땀 흘려 집필한 원고가 이메일의 휴지통에 들어갈 수도 있다. 출판사의 편집자들이 원고를 읽기 전에 출간 제안서를 먼저 읽기 때문이다. 원고의 완성도를 높게 썼다고 해도, 출간 제안서에 따라 퇴짜를 받을 수도 있다는 말이다. 하루에도 수십 통의 투고 이메일을 받는 출판사 입장에서는 당연히 그럴 수 있다.

다음은 출간 제안서 작성 시 유의할 점이다.

첫째, 자신의 원고에 대한 강점과 경쟁력, 가치에 대해 편집자들이 출간을 거절할 수 없도록, 심혈을 기울여 돋보이도록 쓴다.

둘째, 출판사 편집자들이 알고 싶어 하는 핵심 내용 위주로, 중언부언하지 않고 명료하게 쓴다.

셋째, 편집자들의 마음을 사로잡기 위해 절대 과장하여 쓰지 말아야 하며, 팩트를 바탕으로 진정성 있게 쓴다.

출간 제안서는 원고를 투고하기 위한 제안서이므로, 설레는 마음으로 즐겁게 써야 할 것이다. 그동안 A4로 120매가량의 원고를 쓴 저력이 있으므로, A4로 1~2매의 출간 제안서 작성은 가볍게 그리고 즐겁게 쓸 수 있다.

02

출판사 계약 시
원칙을 정하라

–

자신이 해야 할 일을 결정하는 사람은 세상에서 단 한 사람,

오직 나 자신뿐이다.

– 오손 웰슨 –

수십 군데의 출판사에 투고하면, 십여 군데 또는 몇 군데의 출판사에서 연락이 온다. 이때 투고한 저자가 긍정적인 답변만 기다리고 있지는 않을 것이다. 저자는 출판사의 긍정적인 반응과 부정적인 반응을 모두 만나게 된다. 그러므로 저자는 부정적인 반응을 받아들일 준비를 하고 있어야 한다. 출판사의 부정적인 반응으로 좌절한다든지, 좌지우지 마음이 흔들릴 필요가 없다는 말이다. 자신의 원고 내용과 출판사의 출간 내용이나 방향이 맞지 않아 출간을 못 할 수도 있기 때문이다. 우리가 옷을

사러 백화점에 갔을 때, 자신이 좋아하는 디자인과 색상, 재질로 만든 옷이 있어 마음에 들면 사고, 없으면 억지로 살 필요가 없는 것과 같다. '저런 옷을 누가 입을까? 내 성격에는 공짜로 줘도 못 입겠다.' 하는 옷도 누군가 거금을 주고 사는 것과 마찬가지다.

다음은 투고 후 출판사에서 보내온 답신으로, 긍정적인 반응을 보인 예다.

사장님이 직접 나에게 전화를 주셨다.

"안녕하세요? ○○○○○○출판사 대표입니다.

김선옥 작가님의 원고를 잘 받았습니다.

저희 출판사에서 작가님의 책을 출간하고 싶습니다.

결정되면 연락해주시기 바랍니다."

다음은 다른 출판사에서 이메일로 보내온 내용이다.

"김선옥 작가님! 안녕하세요?

먼저 저희 출판사에 문의해주셔서 감사합니다.

보내주신 원고 잘 받았습니다.

현재 작가님 원고가 다른 출판사와 이미 계약이 되었는지요?

계약되지 않았다면 저희 출판사가 작가님의 책을 출간하고 싶습니다.
빠른 답장을 기다리겠습니다."

다음은 다른 출판사에서 대표가 보내온 문자이다.

"안녕하세요? ○○○출판사입니다.
저자님의 원고 잘 받았습니다.
저희 ○○○출판사에 관심을 가지고 저자님의 원고를 적극적으로 검토하겠습니다.
원고 투고를 해주셔서 감사합니다."

다음은 투고 후 출판사에서 보내온 이메일 답신으로, 부정적인 반응을 보인 예다.

"안녕하세요? ○○○출판사입니다.
저자님의 원고는 잘 받았습니다.
우선 저희 ○○○출판사에 관심을 갖고 원고 투고를 해주셔서 감사합니다.
내부에서 검토한 결과, 저자님의 원고 내용은 좋지만, 출간 방향이 맞지 않아 출간 계약은 어렵습니다.

좋은 출판사를 만나시길 바랍니다. 감사합니다."

"안녕하세요? ○○출판사입니다.

귀한 출간 제안서 보내주신 데 대해 깊이 감사 인사드립니다. 원고가 흥미로웠습니다.

하지만 저희와는 출간 방향이 맞지 않아 유감입니다.

물론 저희의 이런 결론은, 또 한 번의 엄청난 실수일지도 모릅니다.

눈앞에서 베스트셀러를 외면한, 엄청나게 섣부른 판단일 수도 있기 때문입니다.

하지만 그것 역시 저희의 미숙함이자 한계이겠지요.

저희보다는 눈이 밝고 마음에 맞는 출판사를 만나 좋은 성과 거두시기를 바랍니다."

이렇게 출판사에서는 원고를 받고, 긍정과 부정의 반응을 보인다. 어떤 출판사는 베스트셀러가 될 수도 있는 원고라고 생각하면서도, 출간 방향이 맞지 않으면 어쩔 수 없이 거절하고 만다. 즉 인생에 관한 에세이를, 건강서를 주로 펴내는 출판사에 투고하면, 부정적인 반응의 이메일을 받게 된다. 아니 답장을 아예 받지 못할 수도 있다. 출판사에 투고한 원고가 아마 휴지통으로 직행했을 수도 있다. 그 이유는 원고의 완성도보다 장르와 내용이 출판사의 출간 방향에 맞지 않아서이다. 그래서 편집자들의 관심을 끌지 못했을 것이다.

자신의 원고 장르에 맞는 출판사는 분명히 있다. 그런 곳에 원고를 투고하면 분명 좋은 결과를 얻게 될 것이다.

나는 출판사를 정할 때 적극성을 보인 출판사로 원칙을 정했다. 출간 의지를 보인 출판사의 답신이 문자로도 오고 이메일로 왔지만, 사장님이 직접 전화를 주신 출판사로 정했다. 8월 31일 밤에 9월 1일 자로 예약 투고 이메일을 발송했다. 다음 날 아침에 꿈만 같게도 계약하자는 전화를 받은 것이다. 거짓말처럼 이렇게 출판 계약이 이루어졌다.

"오늘 당신은 평생의 목표에 도달하는 데 도움이 되는 무슨 일을 하였는가?"

브라이언 트레이시의 말이다.

난 바로 이 책, 나의 두 번째 책을 계약할 때도 나만의 원칙이 있었다.

1. 출판사 대표가 직접 전화하는 출판사를 1순위로 정한다.

2. 인세가 몇 %인지 확인한다.

3. 2순위는 문자나 이메일로 오는 곳으로, 출간하고자 하는 간절한 마음이 담겨 있는지 확인한다.

이렇게 출판사와의 계약 시 원칙을 정하는 것은 저자이다. 몇 가지 원칙을 정하여 투고하면 마음의 여유를 가지고 출간 계약을 할 수 있다.

출간 계약 시 원칙을 정할 때 유의할 점이다.

첫째, 계약금으로 인세를 받는 것이다. 초보 작가는 대개 8%의 인세를 받는다. 인세의 계약 조건이 마음에 들지 않으면 출판 후에도 계속 서운한 마음을 갖게 된다.

둘째, 출간 일정이다. 무작정 출판사에 맡기는 것보다, 자신이 원하는 시기에 출간될 수 있도록 일정을 조율하는 것이 좋다.

셋째, 저자 증정 부수이다. 저자에게 몇 부를 증정할 것인지, 아니면 몇 %로 저자가 자신의 저서를 구매할 수 있는지 정해야 한다.

넷째, 제목 정하기이다. 투고할 때는 '가제'이므로 출판사와 협의하여 제목을 정할지, 출판사에 제목 정하기를 일임할지 정해야 한다. 제목만큼은 자신이 원하는 제목을 반영해 달라고 요청하는 것이 좋다. 나의 첫 개인 저서는 내가 지은 제목『당신의 삶도 이미 베스트셀러이다』로, 출판사에서도 좋다고 인정하여 출간되었다.

다섯째, 원고 수정 범위이다. 출판사에서도 최고의 책을 출간하기 위해 편집 위원이 교정한다. 저자가 편집 위원의 원고 교정에 어느 정도 관여할지 정해야 한다.

이렇게 자신만의 원칙을 정하여 출판 계약을 해야 한다. 초보 작가라면 기성 작가의 도움을 받는 것도 좋다. 한 번 출판 계약을 해보면, 다음은 다른 사람 도움 없이도 직접 해낼 수 있게 될 것이다.

매력 넘치는
저자 프로필을 작성하라

–

성격이 원만하면 얼굴 기색까지도 온화해져서

보는 사람의 눈에도 즐거움을 주게 된다.

– 오비디우스 –

출간 제안서를 작성하고 내 원고와 맞는 출판사를 정했으면, 이젠 매력 넘치는 저자 프로필을 작성할 차례다. 프로필은 저자의 이력서와 같으므로, 출간 제안서와 마찬가지로 매우 중요하다.

어떤 초보자는 프로필을 쓰기 위해 몇 주씩이나 고민하며 쓴다고 한다. 이렇게 심혈을 기울여 쓴 프로필은 출판사 편집자의 마음을 사로잡게 된다. 그러나 대부분의 초보 저자들은 프로필을 어떻게 써야 할지 몰라, 다음과 같이 간단하게 작성하기도 한다. 이렇게 간단한 프로필은 편집자뿐만 아니라 독자의 눈길을 끌지 못하므로, 출판사에서는 가차 없이 퇴짜를 놓을 수밖에 없다.

1969년 청주 출생

○○고등학교 졸업

○○대학교 영어교육학과 졸업

○○대학교 대학원 영어교육학 석사 수료

현) ○○고등학교 영어 교사로 재직

저서: 『○○』, 『○○○』

저자 프로필은 팩트에 근거해 쓰되, 매력이 넘치도록 써야 한다. 다음은 『1日 1行의 기적』을 쓴 유근용 작가의 프로필이다.

"학벌도 스펙도 없던 흙수저 인생에서 국내 최대 독서 카페의 대표이자 독서 경영 컨설팅 CEO로 변신한 인생 역전의 주인공. 십 대 시절, 어려운 가정환경 속에서 경찰서, 법원을 들락거리며 방황하는 삶을 살았고, 지방의 전문대에 들어가서는 게임중독에 빠져 학점 1.7의 내일 없는 삶을 살았다. 어두운 현실을 피해 입대한 군대에서 '어떻게 하면 원하는 삶을 살 수 있을까?' 하는 절박한 질문을 자신에게 던졌고, 그 답을 책에서 찾았다. 머리로만 읽고 끝내는 독서가 아닌, 읽고 그 즉시 행동에 옮기는 독서로 180도 다른 삶을 살게 되면서, 모든 변화의 열쇠는 실행력에 있다는 사실을 깨닫는다. 이후 그는 한번 정한 목표는 끝까지 해내고 마는 특유의 폭발적인 의지와 실행력으로 '초인'이라는 별명이 붙었다.

연 150회 이상 초청 강연을 하는 그는 중·고등학교는 물론 삼성그룹, 해커스, 대신증권, 온비드, 한국산업기술대학교, 국방부, 서울시 50플러스 등 수많은 기업과 지자체에서 '1일 1행의 기적'을 전파하고 있다. 지은 책으로는 독서 노하우를 담은 『일독일행 독서법』, 오늘을 충실히 살도록 돕는 다이어리 『아들러의 라이프로그 북』(공저), 메모를 통한 자기경영 노하우를 담은 『메모의 힘』이 있다. 〈국방일보〉에서 칼럼니스트로 활동했고, 네이버 블로그와 브런치 등에서 목표 실현과 자기계발을 돕는 글을 쓰고 있다."

출처: 『1日 1行의 기적』, 유근용 지음, 비즈니스북스, 2019.

『아프니까 청춘이다』의 저자 김난도 교수의 프로필이다.

"두 아들을 둔 대한민국의 평범한 아빠, 같이 소주 한 잔 마실 수 있는 선배, 부모님에겐 말 못 할 고민을 해결해주는 중간 어른 삼촌, 냉철한 지성으로 시행착오를 줄일 수 있게 도와주는 진짜 어른 멘토, 그리고 대학에서 청춘들과 함께 앎을, 아픔을, 꿈을, 삶을 공유하는 특별한 행복을 누리는 선생. 교수님보다는 선생님이라는 호칭을 더 좋아하는 그를 학생들은 '란도샘'이라 부른다.

　서울대학교 법과대학과 행정대학원을 졸업하고 미국 남캘리포니아대학에서 박사학위를 받은 후, 1997년부터 서울대학교 생활과학대학 소비자학과 교수로 재직하고 있다. 학생들이 직접 평가하는 '서울대학교 우수 강의'에 선정되고, 대학이 공식 수여하는 '서울대학교 교육상'을 수상하는 등, 강의와 학생 지도에 대한 열의를 인정받았다. 그의 강의는 서울대에서 가장 빨리 수강 신청이 마감되는 것으로도 유명하다.

　이 밖에 '한국갤럽 최우수 박사학위논문 지도공로상'을 수상하며 '제대로' 가르치는 교수임을 공인받았다. 또한 2007년 대한민국 명품 소비자의 소비 동기를 분석한 책 『럭셔리 코리아』가 〈조선일보〉 '올해의 책'에 선정됐으며 정진기언론문화상을 받았다. 서울시, 경기도, 보건복지부, 삼성, LG, SK, 롯데건설, 아모레퍼시픽 등 주요 공공기관과 기업에서 자문과 강연 활동을 하며, 세상이 어떤 인재를 원하는지 듣고, 학교와 온라인에서 청춘들과 소통하며 '어떤 인생을 개척할 것인가?'에 대해 조언을 주고 있다. 주요 일간지에 '김난도 교수의 트렌드 노트'라는 칼럼을 연재하는 등, 칼럼니스트로도 활동하고 있다."

　　출처: 『아프니까 청춘이다』, 김난도 지음, 쌤앤파커스, 2010.

　다음은 나의 개인 저서 『당신의 삶도 이미 베스트셀러이다』를 출간할 때, 작성했던 프로필이다.

"매일 새벽, 노트북 앞에 앉아 책을 쓰는 작가로 변신한 저자는 곧 은 퇴를 앞둔 중등 교사이다. 서울에서 태어나, 충청도 시골에서 자랐다. 시골에서 자란 만큼 잠자리 놀이, 물방개 놀이, 삘기 뽑기 등이 얼마나 재미있는 놀이인지 잘 알고 있다. 고등학교는 그 당시 유학 갔다고들 할 정도로 집에서 멀리 떨어진 천안여고에 입학해, 부모님과 떨어져 사는 고충이 얼마나 큰지 처음으로 알게 되었다.

단국대학교에서 국어국문학 전공, 중등 국어 교사가 되어 서해삼육중·고등학교, 영남삼육고등학교, 서울삼육고등학교에서 근무하면서 수많은 제자를 배출했다. 2008년에는 〈아동문학평론〉 봄호에 동시 부문 「엄마 생각」 외 2편으로 문단에 등단하여 가족은 물론 동료들과 학생들에게 기쁨과 감동을 주기도 했다.

저자는 누구보다 선하고 따뜻한 마음을 지녀, 어떤 동료는 저자를 롤모델로 정하여 닮고 싶어하고, 어떤 동료는 저자의 사고방식과 생활 자세가 삶의 바로미터가 되었다고 한다.

현재 자기계발 작가, 동기부여가, 청소년들의 멘토로 상담 활동 중이며, 은퇴 후에는 희망의 메신저로서 책 쓰기 코칭, 1인 창업가로 활동할 계획이다. 저서로는 『보물지도 21』이 있다."

초보 작가들은 위에 소개한 저자 프로필을 참고해 작성하길 바란다. 한번 인쇄된 저자 프로필은 다음 쇄를 찍기 전까지는 수정할 수 없다. 그러므로, 심혈을 기울여 신중하게 프로필을 작성해야 한다.

다음은 저자 프로필을 작성할 때, 참고해야 할 사항들이다.

첫째, 과장하지 말고, 팩트에 근거하여 쓰라.

둘째, 이력서와 함께 자신의 꿈과 비전을 쓰라.

셋째, 자신의 인생관, 가치관, 삶의 철학을 쓰라.

독자가 저자 프로필을 읽으면서, 책을 빨리 읽고 싶다는 마음이 들도록 매력적인 저자 프로필을 작성해야 한다.

호기심을 유발하는
프롤로그를 작성하라

–

시작은 그 일의 가장 중요한 부분이다.

– 플라톤 –

프롤로그(prologue)가 무엇일까? 에필로그(epilogue)와 상대되는 개념이다. 어원은 그리스어의 프로로고스로 에우리피데스가 처음으로 사용했다고 한다. 르네상스 시대부터 18세기에 걸쳐 유럽에서 성행했고, 배우가 등장인물로서 또는 작가의 대변자로 관객에게 해설하는 것이었다.

프롤로그는 연극이나 소설 등에서 처음 부분에 사용하는 것으로, 서막(序幕), 서시(序詩), 첫머리 등으로 표현하기도 한다. 일종의 맛보기인데, 표현하는 방법은 다양하다. 소설이나 장편시에서는 '서사'로 일컫는다. 연극에서는 '서막'으로 불린다. 오페라, 발레, 무용 조곡 같은 무대용 작품에서는 '막을 여는 음악'으로서 '서곡'으로 일컫는다. 서곡은 하나의 악장으로 이루어진 관현악 작품으로, 그 규모나 형식 면에서 교향곡의 1악장과 비슷하다. 방송에서는 그냥 프롤이라고 줄여서 말하기도 하는데, 프롤로그로 부르는 것이 맞는 말이다.

프롤로그는 본편의 내용을 부분적으로 상징하거나 시작을 뜻하는 장면인데, 시사나 다큐멘터리에서는 흔히 본편의 하이라이트를 보여준다. 그런데, 이것은 프롤로그라고 말하기는 어렵다. 프롤로그를 만드는 가장 쉬운 방법은 본편을 상징하는 케이스 하나를 보여주거나, 본편에 등장하는 인물이나 사건 일부를 보여주는 것이다. 예를 들면 "2021년 1월 1일 대한민국의 운명을 좌우할 한 아이가 탄생했다."라는 내레이션과 함께 '한 아이가 태어나는 장면'을 보여주는 것이다. 그리고 "좋아하는 가족들. 그 사이에서 한 여성이 어두운 표정으로 그 아이를 쳐다보고 있다."는 시청자들의 호기심을 자극하는 좋은 프롤로그이다.

드라마의 경우, 1화에서 성장한 주인공의 모습을 보여준 후, 2화에서 어린 시절로 돌아가게 하는 방식으로 프롤로그를 진행하기도 한다. 소설의 경우, 전설이나 유명한 이야기를 삽입하여 전체적인 주제에 대한 힌트를 주면서 호기심을 유발하는 방법으로 프롤로그를 활용하기도 한다.

즉 작자가 작품을 개막하기에 앞서 독자들에게 전달하고자 하는 내용을 프롤로그에 담는 것이다.

책에서는 '프롤로그', '책을 시작하며', '글을 시작하며'의 문구로 프롤로그를 작성하는데, 작가는 사력을 다하여 쓴다. 작가들이 독자들에게 책의 전반적인 분위기를 알려주고 호기심을 유발할 수 있는 절호의 구간이기 때문이다.

강헌구의 저서 『가슴 뛰는 삶』에서 프롤로그가 이렇게 시작된다.

"가슴 뛰는 삶으로 당신을 초대합니다."

이 첫 문장 하나만으로도 충분히 호기심을 자극하고도 남는다.
그리고 이렇게 내용이 이어진다.

"누가 보아도 무모한 일이었다. 그러나 그때 그 한순간의 선택이 내 인생의 모든 것을 바꾸어놓았다. 나는 운명의 루비콘강을 건넌 것이다. 만약 그때 그 강을 건너지 않았더라면, 내 운명의 스위치를 과감히 켜지 않았더라면, 지금의 나는 어떤 모습으로 살고 있을까?"

성경에도 프롤로그가 있을까? 성경은 우리의 구원을 위해 이 땅에 오신 그리스도를 증거로 제시하는 책이자 예언서이다. 총 66권으로 엮어진 방대한 성경은 창세기부터 시작된다.

"태초에 하나님이 천지를 창조하시니라. 땅이 혼돈하고 공허하며 흑암이 깊음 위에 있고 하나님의 신은 수면에 운행하시니라."(창세기 1:1~2)

하나님께서는 창세기 1장을 통해서, 앞으로 이루실 6천 년의 구원의 사역을 압축시켜 놓으셨다(베드로후서 3:8). 즉 창세기 1장은 성경 66권의 프롤로그라고 할 수 있다.

나는 첫 개인 저서 『당신의 삶도 이미 베스트셀러이다』의 프롤로그를 준비하면서 어떻게 독자의 호기심을 자극할까 고민하면서 다음과 같은 제목으로 시작했다.

프롤로그

책 쓰기가 왜 가슴 뛰게 하는지 나는 아네

33년 된 현직교사가 왜 책을 쓰기 시작했을까? 성년퇴직을 앞두고, 퇴직 이후의 삶을 상상해보니, 주인공이 아닌 주변 인물로 살아가고 있었다. 정신이 번쩍 들어 '인생 제2막을 위한 준비를 해야겠다.'라고 생각했다. 간절히 원하면 꿈은 이루어진다고, 꿈속에서나 만날 수 있는 가슴 뛰는 일을 만났다. 바로 책 쓰기이다. 책 쓰기를 발견하고 며칠 동안 잠 못이루었다. 그리고 책을 쓰기 시작하면서 가슴 뛰는 삶이 시작됐다.

학생들에게 '진로를 정할 때 가슴 뛰는 일을 찾아라.'라고 지도해왔다. 그래야 자신의 인생이 즐겁고 행복하다고. 책을 써보니, 정말로 가슴이 뛰는 것을 느꼈다. 왜 가슴이 뛸까? 책 쓰기는 출간에서 그치지 않기 때문이다. 강연가, 칼럼 기고, 책 쓰기 코칭 등으로 이어질 수 있기 때문이다. 그리고 책 쓰기는 자기계발로 퍼스널 브랜딩이 되며, 최고의 유산을 남기는 일이기 때문이다.

책을 쓰면서 인생을 돌아보았다. 출생과 성장, 학창 시절 가난과의 싸움, 중등 국어 교사로서 교직 생활에 대한 회상과 보람, 동시인 등단, 여러 시련을 겪으면서 고통은 있어도 절망은 없다는 깨달음, 인생은 퍼즐과도 같으며 하나님의 계획 안에 있다는 깨달음, 산다는 것은 그 자체가축복이며 훌륭한 인생 교과서를 만들어가는 과정임을 책 속에 담았다. 그리고, 그동안 몰랐던 책 쓰기의 8가지 유익한 점을 통해, 인생을 바꾸고 싶다면 자신의 책을 쓸 것을 이야기했다. 아울러 한 번뿐인 인생에서 책 쓰기는 선택이 아니라 필수임을 강조하고, 책 쓰기 절차를 담았으며. 마지막은 작가의 꿈을 꾸는 이들에게 보내는 편지로 마무리했다.

책을 써보니, 삶의 모든 순간과 모든 경험이 이미 베스트셀러의 글감들이었다. 지식, 경험, 깨달음, 삶의 노하우, 신앙생활, 삶의 철학 등 누구나 베스트셀러의 삶을 살고 있다. 사람마다 각양각색의 스토리가 있기 때문이다. 한 권의 독서로 인생을 바꾸기도 하지만, 한 권의 책을 쓰고 인생을 바꾸기도 한다. 이 중, 인생을 바꾸는 데는 책 쓰기만큼 빠르고 놀라운 것이 없다. 책 쓰기는 그만큼 위력을 가지고 있기 때문이다.

메신저 산업의 세계에 초대받아 내가 작가가 되었다. 이제 당신을 이 메신저 산업의 세계에 초대하려고 한다. 책 쓰기가 당신을 가슴 뛰는 삶으로 안내할 것이다. 그리고 당신을 변신시킬 것이다. 책 쓰기는 최고의 자기 도전이며, 자기 혁명이다. 이 책을 읽고 책 쓰기 시작한다면, 저자로서 더할 나위 없이 기쁘고, 가슴 벅차게 행복해질 것이다.

2020년 11월

이렇게 프롤로그는 시청자나 독자의 호기심을 자극하여 시청하고 싶게 만들거나, 책을 읽고 싶도록 호기심을 자극하는 작품의 내용이나 작가의 의도 등에 관한 해설이면 훌륭한 프롤로그라고 할 수 있다.

프롤로그와 에필로그! 지금 책 쓰기 하고 있는 작가이든 이 책을 읽고 있는 독자이든 반드시 알아야 할 단어들이다. 프롤로그는 작품에서 사람들에게 호기심을 갖게 하는 중요한 역할을 하는 부분으로, 실제로 책에서 프롤로그만 읽고 계산대로 향하는 독자들도 있다.

05

깔끔한 마무리의
에필로그를 작성하라

–

고생도 없이 쓴 책은 독자들에게 아무런 기쁨도 줄 수 없는
그저 종이와 시간의 낭비일 뿐이다.

– 사무엘 존슨 –

에필로그(Epilogue)란 무엇일까? 국어사전에는 이렇게 쓰여 있다.

시가, 소설, 연극 따위의 끝나는 부분. 소나타 형식의 악장에서, 부주
제 뒤의 작은 종결부.

간단하게 말하면 후기라고 할 수 있다. 일반적으로 결론을 말하는 부
분으로, 소설이나 장편시에는 결론적 구절을 뜻한다. 그리고 연극에서는
결론적인 대사를 의미한다. 연극에서 극의 종말에 나오는 끝부분의 대사
나 보충된 추가 장면으로, 끝부분에 가면 배우가 무대에서 연극에 대한

마지막 말을 하고 관객에게 인사를 하는 폐막사가 있는데, 에필로그의 한 부분이라고 생각하면 된다. 좀 더 이해하기 쉬운 말은 '후일담'이다. '후일담'은 이야기의 밖에서 덧붙여지는 이야기로, 독자들에게 충족되지 않은 부분을 충족시키기 위해 붙여지는 것이다.

에세이같은 경우는 '책을 마치며', '글을 마치며'와 같은 형식으로 에필로그를 많이 쓴다. 에필로그는 책을 매듭짓는 역할을 해주기 때문에, 작가들은 프롤로그와 마찬가지로 심혈을 기울여 쓰게 된다.

다음은 강헌구 작가의 저서 『인성수업』에서의 에필로그(Epilogue)이다.

세상엔 나 혼자 살고 있는 게 아니라는 것을

(중략)

글로벌 시대가 도래하고

전 세계는 마치 한마을처럼 가까워졌습니다.

어려움에 빠져 있는 친구를 외면하는 사람,

그런 사람들은 글로벌 시민사회의 구성원으로 적합하지 않다고,

모두 글로벌 시티즌의 모습으로 거듭나야 한다고 믿는 사람들이

아주 많아졌습니다.

나의 성취와 행복을 위해서는

너의 성취와 행복을 위해서는

너의 평온, 너의 성공,

그리고 모두의 미소가 필수적이라는 것을,

지식, 재능, 기술, 관리, 감각, 정보, 뚝심, 끈기, 재치,

목표, 지략, 최고를 지향하는 것만으로는 충분치가 않다는 것을

이제 우리는 알아야 합니다.

(중략)

나를 위한 비전, 성공, 건강도 좋습니다.

그러나 이것만은 알아 두세요.

세상엔 나 혼자만 살고 있는 게 아니라는 것을…….

모두가 함께 살아가는 이 세상 속의 질서를 이해하고 노력해야만

모두는 발전할 수 있습니다.

그리고 그것은 훗날 나에게 되돌아올 것입니다.

이러한 이 시대의 흐름에 당신도 동참하세요.

그런 마음으로 이 책을 만들었습니다.

출처: 『강헌구의 인성 수업』, 강헌구 지음, 한언출판사, 2016.

다음은 작가 유근용의 저서 『1인 1행의 기적』의 에필로그이다.

실행은 당신을 절대 배신하지 않는다

　지식과 실행은 서로가 서로에게 영향을 미친다. 지식은 실행의 바탕이 되고, 실행은 지식을 확고히 해 그 폭을 넓히고 깊이를 더한다. 지식과 실행은 서로에게 거름이 된다. 그저 지식이 실행을 위해서만 존재한다면 이 사이클은 만들어지지 않는다. 이와 같은 사이클을 반복하다 보면 처음에는 미미했던 지식과 실행이 갈수록 커져서 뚜렷한 성과로 이어진다.
　이 책에서 지금까지 이야기한 실행의 힘을 그림으로 표현하면 다음과 같다.

지식 ↔ 실행
지식 ↔ 실행
지식↔실행
지식↔실행
지식↔실행
지식↔실행
(지식과 실행의 결합)

(중략)

이 책을 덮고 당신이 할 일은 무엇일까? 지금 실행의 문을 박차고 나가는 1%의 주인공이 되는 것뿐이다. 산산이 부서진 인생일지라도 실행을 반복하며 성장하기를 바라고 있다. 누가 대신 살아주는 삶이 아니라 아끼고 소중히 여겨야 할 자신의 삶이다.

당신이 어떤 삶을 살아가든 인생을 사랑하기를. 그래서 오늘의 실행이 당신을 배신하지 않고 빛나는 미래를 안겨주기를 바란다.

출처: 『1日 1行의 기적』, 유근용 지음, 비즈니스북스, 2019.

"정말로 우리의 시간은 한정되어 있습니다. 그러니 제발 다른 사람의 삶을 살며 시간을 낭비하지 마십시오."

스티브 잡스의 말이다. 머뭇거리기에는 인생이 너무 짧다.

06

장르와 제목에 어울리는
표지와 간지를 선택하라

–

색채는 훨씬 더 설명적이다. 시각에 대한 자극 때문이다.

어떤 조화는 평화롭고, 어떤 것은 위로를 주며,

또 어떤 것은 대담하여 흥분을 일으킨다.

– 폴 고갱 –

나의 첫 개인 저서 『당신의 삶도 이미 베스트셀러이다』의 표지가 어떤 색상으로 어떻게 디자인되어 출간될까? 출판사와 출간 계약을 마친 후, 원고를 최종 점검하면서 매우 궁금해졌다. 장르와 제목에 어울리는 색상과 디자인으로 베스트셀러를 만들고 싶다는 생각에 설레기까지 했다.

어떤 표지가 좋은 표지인가? 좋은 디자인으로 만든 책 표지는 일반적으로 다음과 같은 요소가 포함된다. 명확한 제목과 부제, 작가의 이름,

배경 이미지와 그래픽, 관심을 사로잡는 포컬 포인트{뜻: 말하지 않아도 서로 통하는 것, 즉 이심전심(以心傳心)}, 산만하지 않게 정보를 나열한 효율적인 구성, 호기심을 불러일으키는 시각적 요소, 여백의 적절한 활용, 디자인과 어울리는 간단한 서평 넣기, 이미지를 넣는 경우 책의 콘셉트를 바탕으로 일러스트레이션(illustration; 삽화) 제작하기이다. 그리고 눈길을 끄는 타이포그래피(Typography; 편집 디자인 등에서 활자의 서체나 글자 배치를 구성하고 표현하는 일)로 사람들의 관심을 사로잡는 표지이다.

책 표지 제목의 글씨체는 무엇을 선택해야 좋을까? 제목의 가독성도 이미지만큼이나 중요하다. 보통 책 표지에 사용할 완벽한 이미지를 찾기 위해 디자이너들은 몇 시간 동안 이미지를 검색한다고 한다. 글꼴은 책의 장르를 암시하기도 하니, 글꼴을 신중하게 선택해야 한다. 나 또한 개인 저서 『당신의 삶도 이미 베스트셀러이다』의 장르와 제목에 어울리는 글씨체가 무엇일까? 고민하고 또 고민하며 선택했다. 고딕체는 너무 딱딱한 느낌이어서 제목에 어울리지 않았다. HY바다M은 약간 누워 있는 글씨체여서 흐트러진 느낌이었다.

디자이너가 알아야 할 인쇄 용어에는 간지, 면지, 접지, 책날개가 있다. 이런 용어들을 작가들도 알아두면 좋다. 출판사 편집자들과 의사소통을 해야 하기 때문이다.

간지: 본문 중간에 들어가는 색지
면지: 책의 처음과 끝에 들어가는 색지
책날개: 책의 겉표지를 안으로 접은 부분

출판사에서는 어떤 성향의 표지를 선호하는지 나에게 물었다. 그래서 서점에 가서 선호하는 책 표지를 사진을 찍어 2~3장 보내라고 했다. 가까운 서점에서 책 표지 탐색에 들어갔다. 이 세상에 태어나 처음, 작가의 눈으로 책 표지를 관찰하게 되었다. 독자의 눈으로는 전혀 보이지 않던 것들이 작가가 된 내 눈에 띄기 시작했다.

첫째, 표지에 작가 사진이 들어가 있는 책이 많지 않았다. 대부분 앞쪽 책날개에 있었다. 어떤 책은 아예 작가 사진이 없었다. 나의 첫 개인 저서이기에 버젓이 표지에 내 얼굴을 넣을 생각이었다. 그런데 책 대부분이 책날개에 작가 사진이 들어가 있었다.

둘째, 표지 색상, 제목의 글씨체, 표지 디자인 등 다양하면서도 창의적인 발상으로 만들어진 표지들이 많았다. 표지들을 보고 있노라니, 그래픽 디자이너 고강철의 말이 떠올랐다.

"디자이너는 시인의 가슴, 과학자의 두뇌, 기술자의 손, 그리고 마라톤의 심장이 필요하다."

그렇다. 베스트셀러의 표지들을 보니, 시인의 가슴을 지닌 디자이너들의 손놀림이 그려졌다.

셋째, 책 제목의 글씨체, 색상, 글씨 크기가 매우 중요하다는 것을 알게 되었다. 어떤 책제목은 멀리에서도 눈에 들어와 읽히는데, 어떤 책은 가까이에서도 잘 읽히지 않았다.

넷째, 책의 내용을 강조한다든지, 인용한 부분은 간지 색상의 색과 같은 글씨로 되어 있었다.

서점에 있는 책을 모두 살펴보는 것은 불가능하다. 나는 베스트셀러들만 살펴보았다. 그렇게 1시간 넘게 살펴본 결과, 내가 선호하는 색상과 디자인, 그리고 글씨체를 발견하게 되었다. 색상은 따뜻한 노란 계통을 좋아한다는 것을 발견했다. 디자인은 복잡한 것보다는 단순한 것을 선호하고 있었다. 그리고 표지에 그림을 넣는 것보다는 사진이 들어가는 것이 더 마음에 들었다. 혹시 그림을 넣는다면 작은 이미지가 좋았다. 책 표지 사진 3장을 찍어 출판사로 보냈다.

내가 서점에 가서 사진 찍어 보낸 책 표지 사진을 보고, 출판사에서는 나의 성향을 금방 알아차렸다. 내가 보낸 책 표지 사진을 참고해『당신의 삶도 이미 베스트셀러이다』의 책 표지를 디자인해 10장 정도 카톡으로 보내왔다. 이 중에 5개의 표지를 골라 가족 카톡방과 5남매 카톡방에 올렸다. 어느 것을 선택해야 할지 조언을 듣기 위해서다. 디자이너가 '과학의 두뇌와 시인의 가슴'으로 디자인한 것이니, 심혈을 기울여 선택해야 했다. 무엇보다 책 제목과 어울리는 표지를 선택하고 싶었다. 화려하고 복잡한 디자인을 제외하면서 의견 차이를 좁혀나갔다. 이제 한 가지만 결정하면 된다. 핑크빛과 노란 계통의 따뜻한 색이냐 아니면 파란 계통의 시원한 색이냐를 두고 카톡방에서 의견을 주고받았다. 결론은 따뜻한 색상으로 합의점을 찾았고, 디자인도 단순한 것으로 의견이 모아졌다.

책 표지를 고르면서 우리 가족은 성향이 비슷하다는 것을 깨닫게 되었다. 코로나19로 인해 사회가 얼어붙고 또 겨울에 출간되는 책이므로, 따뜻한 색상인 노란색과 핑크빛이 어우러진 표지를 선택했다. 제목의 글씨도 작은 글씨보다는 큰 글씨가 나았고, 딱딱한 느낌의 고딕체보다는 부드러운 글씨체인 바탕체를 선택했다. 이렇게 의견을 모아 출판사로 보냈는데, 출판사에서도 나의 의견을 존중해주었다.

김춘수의 시「꽃」에 이런 구절이 있다.

나의 이 빛깔과 향기(香氣)에 알맞은

누가 나의 이름을 불러다오.

그에게로 가서 나도

그의 꽃이 되고 싶다.

책의 장르와 제목에 어울리는 빛깔로 디자인된 표지가 탄생하기를 바랐다. 또한, 책 제목의 언어적 의미와 예술성에 걸맞도록 표지가 디자인되기를 간절히 바랐다. 드디어 책 제목에 어울리는 최고의 빛깔과 향기로 디자인된 표지를 내게 보냈다. 노란빛 계통의 지구 한 모퉁이라고 할까? 하늘은 핑크빛이었다. 핑크빛 하늘을 보니, 내 마음도 벌써 핑크빛이었다. 흐뭇한 마음으로 인쇄에 들어가라고 허락했다. 책 표지를 다시 선택하라고 해도 이 색상과 이 디자인을 선택할 것이다. 이 정도로 만족하고 있으니, 다른 색상과 디자인에 조금도 미련이 없다. 출판사 디자이너에게 이 지면을 빌려 감사하는 마음을 전한다. 다니엘 보야스키는 이런 말을 남겼다.

"디자이너로서 당신이 디자인하는 모든 것이 사람들의 삶에 영감을 준다는 것을 기억하라."

사람의 마음에 평안을 가져다주고, 삶을 아름답게 가꾸기 위해 집중하게 만드는 것도 디자이너의 역할인 듯싶다. 난 나의 첫 개인 지서의 책 표지 색상과 디자인을 통해 코로나 시대에 평안함을 느꼈고, 사람으로부터 받는 것과는 또 다른 위로를 받았다.

오귀스트 르느와르는 이런 말을 남겼다.

"그림이란 즐겁고 유쾌해야 한다. 가뜩이나 불쾌한 것투성이인 세상에서 굳이 그림마저 아름답지 않은 것을 일부러 그릴 필요가 있을까?"

그렇다. 즐겁고 유쾌한 그림이 좋다. 마음의 평안과 위로를 주는 그림이 좋다. 아름다운 그림은 평안함을 가져다주고 아픈 상처도 치유해준다.

추사 김정희는 이런 말을 남겼다.

"가슴속에 1만 권의 책이 들어 있어야 그것이 흘러넘쳐서 그림과 글씨가 된다."

가슴속에 1만 권의 책이 들어 있어야 그것이 흘러넘쳐서 그림이 되고 글씨가 되는 줄은 오늘에야 알았다. 하늘과 바람, 꽃과 이슬 등 자연 못지않게 우리에게 위로와 평안함을 가져다주는 것이 그림이라는 것도 나의 저서 표지를 통해 깨닫게 되었다.

07

소셜네트워크와 언론사를
활용하여 홍보하라

–

모든 광고는 브랜드 이미지에 대한 장기적인 투자이다.

– 데이비드 오길비 –

현대 광고의 아버지라 불리는 데이비드 오길비는 "가장 좋은 광고는 개인적인 경험에서 나온다."라고 했다. 데이비드 오길비의 유명한 일화를 보면 이해가 쉽게 될 것이다.

어느 화창한 봄날, 데이비드 오길비는 길을 걷다가 구걸하는 이의 푯말을 우연히 보게 되었다고 한다.

"저는 장님입니다. 도와주세요!"

오길비는 그냥 지나치려다가 장님의 푯말 문구를 다음과 같이 바꿔주었다.

"오늘 날씨가 참 좋죠? 하지만 저는 볼 수 없어요!"

이것이 바로 데이비드 오길비가 말한 '언어의 힘'이다. 이 문구가 행인들의 마음을 일렁이게 했고, 행동으로 옮기게 만든 '언어의 힘'을 잘 보여주고 있다.

지금은 소셜네트워크서비스(SNS) 시대이다. 이 SNS가 발달하면서 세상은 빠르게 변화하고 있다. 그중에서도 광고와 마케팅 부분에서의 큰 변화이다. 이 데이비드 오길비의 '언어의 힘'을 빌려 소셜네트워크서비스상에서 '책 마케팅'을 하는 것이다.

소셜네트워크의 사전적 의미는 자신만의 온라인 사이트를 구축해 콘텐츠 서비스를 만들고, 지인들과의 연결을 통해 서비스와 커뮤니케이션을 공유하는 것으로 소셜네트워크서비스라고도 불린다. 한마디로 인터넷상에서 사람과 사람 사이의 연결망이다.

이제 마케팅 분야에서는 TV나 신문 등에서 마케팅 광고 후, 이 내용을 소셜네트워크에 연결하여 2차 광고를 하는 것이다. 이렇게 소셜네트워크의 발달로 브랜드를 알리는 방식이 변화되었다. 특별히 네트워크로 연결된 소비자들이 상품 사용 댓글 정보를 더욱 신뢰하는 시대로 변했다.

나의 첫 개인 저서 『당신의 삶도 이미 베스트셀러이다』가 재림신문 및 홍주일보, 도청신문 등에 게재되었다. 물론 온라인 신문에도 게재되어 인스타그램, 페이스북에 이 내용을 올렸다. 여기저기에서 또 축하의 메시지가 올라왔다. 내 책을 구매해보겠다는 제자의 메시지, 전혀 모르는 사람의 메시지도 받았다. 이것이 온라인 마케팅의 힘이다.

실제 온라인 마케팅의 힘을 보여준 사례가 있다. 무명 저자 탄줘잉의 『살아 있는 동안에 꼭 해야 할 49가지』가 출간된 지 1년도 채 되지 않아, 100만 부 이상이 판매되었다고 한다. 이것은 이 책을 출간한 출판사 위즈덤하우스의 '온라인 마케팅'의 힘이라고 볼 수 있다. 이 출판사는 이 책 출간과 동시에 전자책 전문 기업 북토피아와 손잡고, 검색 포털 네이버에 〈살아 있는 동안 꼭 해야 할 49가지〉라는 제목의 블로그를 개설했다고 한다. 그리고 처음부터 '본문 미리 보기' 서비스와 '블로그와 홈페이지' 이벤트를 진행했다고 한다. 그 이벤트 중 하나가 감동적인 글로 채워진 책 내용의 특성을 살려 '감동의 파도타기'와 '살아 있는 동안 꼭 해야 할 50가지'라는 행사였다. '감동의 파도타기'란 책 내용 중 자신이 가장 감동적으로 읽은 글귀에 대한 감상을 적어 올리는 것이다. 그리고 '살아 있는 동안 꼭 해야 할 50가지'는 이 책의 '49가지 주제' 외에 자신이 꼭 해야 할

'한 가지'를 추가하여 올리는 이벤트였다. 이 두 가지의 이벤트를 통해 블로그 〈살아 있는 동안 꼭 해야 할 49가지〉에는 1천여 개가 넘는 댓글이 올라오는 등 네티즌들에게 열광적인 호응을 얻어 책 마케팅에 성공한 것이다.

한 편집자는 이 책의 마케팅이 성공한 이유를 이렇게 말했다.

"무명 저자가 쓴 『살아 있는 동안에 꼭 해야 할 49가지』가 관심을 끄는 이유는 '살아 있는 동안'의 인기 뒷면에 블로그를 통한 온라인 마케팅이 자리하고 있기 때문입니다. 책의 출간과 동시에 개설한 블로그가 독자와 네티즌들의 입소문을 타고 빠른 속도로 전파되면서 책의 인기를 높이는 데 한몫했기 때문이죠."

위즈덤하우스의 신민식 이사도 세계적인 베스트셀러 『다빈치 코드』의 아성을 무너뜨릴 수 있었던 이유에 대해 이렇게 말했다.

"이 책이 별다른 홍보 없이 성공한 것은 블로그 마케팅의 힘이었다. 블로그를 통해 책 내용뿐 아니라 다른 네티즌의 생생한 평가를 접할 수 있다는 점에서 블로그가 책 구매 여부를 결정하는 역할을 했다."

이렇게 블로그 마케팅의 힘으로 책은 출간과 더불어 급속도로 팔려나

갔고, 선물용 대량 판매로까지 이어져, 그해 최고의 베스트셀러가 되었다고 한다.

다음은 김난도 교수의 저서 『아프니까 청춘이다』의 온라인 마케팅 성공 사례이다.

쌤앤파커스 출판사가 누리꾼 및 트위터 사용자를 정조준해 인터넷상에서 입소문 마케팅으로 성공한 출판사이다. 출간일인 2010년 12월 24일 전부터 인터넷 커뮤니티를 통해 사전 입소문을 내는 마케팅 전략이다. 우선 쌤앤파커스 출판사에서는 『아프니까 청춘이다』에 실린 책 내용 중, 젊은이들에게 공감을 얻을 만한 구절 대여섯 문장을 골라 '아포리즘(Aphorism)' 이미지를 만들었다고 한다. '아포리즘'이란 인생의 깊은 체험과 깨달음을 통해 얻은 진리를 간결하고 압축적으로 기록한 것으로, 가장 짧은 말로 가장 긴 문장의 설교를 대신하는 것이다.

출간 2주 전인 12월 10일부터 이 '아포리즘' 이미지들을 대학수학능력시험이나 취업 관련 커뮤니티 등 20대 타깃 독자층이 주로 활동하는 온라인 커뮤니티 120여 곳에 보내며 신간 알리기에 나섰다고 한다. 그리고 책 출간 직후인 27일부터는 트위터를 이용한 마케팅에 집중했다. 트위터에서의 140자 글자 수 제한에 맞춰 책에서 짧은 문구들을 골라 15개의 샘플을 먼저 만든 후, 파워 트위터 유저들에게 집중적으로 홍보함으로써 트위터 사용자들 간에 입소문이 퍼지도록 마케팅을 한 것이다.

이렇게 저자 김난도 교수의 『아프니까 청춘이다』가 마케팅에 성공한 요인은 쌤앤파커스 출판사의 탁월한 출판 기획 역량 덕분이다. 위로와 격려를 갈망하고 따뜻한 멘토를 갈구하는 청년들의 사회 트렌드를 어떤 출판사보다도 빨리 간파해냈고, 이를 글로 풀어 소통할 최적의 인물인 김난도 교수를 저자로 내세워 베스트셀러를 만들어낸 것이다. 트위터 등 소셜네트워크서비스를 통한 초기 마케팅에 확실하게 성공할 수 있었던 것은 청년들의 트렌드를 파악해서 역량을 집중해 홍보한 출판사 덕분이다. 이렇게 취업을 위한 스펙 쌓기에 여념이 없는 20대들에게서 폭발적인 인기를 끌어낼 수 있었다. 종이보다는 인터넷에 더 익숙해져 있고, 긴 호흡의 점자책보다는 트위터처럼 짧은 글을 좋아하는 20대들만의 소통 방식을 쌤앤파커스 출판사에서는 적절히 활용했다는 분석이다.

출판사와 출판 계약을 했다면 책 마케팅을 모두 출판사에 맡기면 안 된다. 물론 출판사에서도 거금을 들여 출판했기 때문에 사활을 걸고 홍보와 마케팅에 주력하게 된다. 하지만 마케팅을 출판사에만 맡기지 말고 저자도 나름의 방식으로 마케팅해야 한다. 소셜네트워크서비스에서는 물론 저자 특강 등을 기획해 홍보와 마케팅을 한다면 그 시너지 효과는 크다. 지금은 저자가 책만 펴내는 시대는 지났다. 책 출간과 더불어 책 판매로 이어지는 마케팅 전략까지 펼쳐야 저자가 살아남는 시대가 되었다. 그래서 책 마케팅 방법으로 어느 것이 최고이다가 아닌, 그 책에 최적화된 마케팅을 선택하는 것이다. 블로그, 트위터, 인스타그램, 페이스북 등 온라인 마케팅 방법은 다양하다.

"전략이란 생존에 중요한 역할을 하는 것으로써 삶과 죽음의 문제이기도 하며 안전과 존망에 영향을 미치는 것이다. 어떠한 경우라도 전략을 소홀히 여겨서는 안 된다."

손자가 『손자병법』에서 한 말이다. 저자는 책만 펴낼 것이 아니라 마케팅 전략도 소홀히 해서는 안 된다. 저자가 책만 펴내는 시대는 지났다.

당신도 이미 베스트셀러 작가이다

작가의 문으로 진입하려는 당신에게

길은 길로 이어지듯이, 만남은 또 다른 만남으로 이어진다.

계절이 계절을 부르듯이, 꿈은 또 다른 꿈을 부른다.

내가 작가의 꿈을 꿈꾸듯이 이루었다.

작가의 꿈을 이루니, 또 다른 꿈이 기다리고 있다.

마치 릴레이 선수들 같다. 꿈 배턴을 이어주는 꿈 릴레이

이 꿈 릴레이에 당신을 초대하고자 한다.

당신 손에 이미 초대장을 쥐고 있으니,

결단력 하나만 가지고 응하면 된다.

당신의 미래를 눈부시게 바꾸어놓을 것이다.

당신의 꿈이 가슴속에 간직한 또 다른 꿈을 불러낼 것이다.

꿈은 또 다른 꿈을 부르는 꿈의 공식이 있기 때문이다.

마치 호박 덩굴 걷을 때 호박 달려 나오듯

꿈이 줄줄이 따라 나오기 때문이다.

그리고 그 꿈도 하나씩 이루게 될 것이다.

내가 작가가 되어 책을 써보니 그랬다.

당신의 생각에 따라 인생이 달라질 것이다.

무엇이든지 마음속에서 강렬하게 소망하는 것은

언젠가는 그 소망이 반드시 실현되게 되어 있다.

당신이 할 수 있다고 생각하면 할 수 있기 때문이다.

세상만사는 생각대로 되기 때문이다.

에머슨은 이런 말을 남겼다.

"만일 인연이 있으면 또 만납시다."

이 말을 빌려 난

"만일 인연이 있으면, 이 책으로 또 만납시다."

바로 책 쓰기 코칭이다.

무엇인가 이루고 싶다면,

신념을 갖는 것이 그 첫걸음이다.

그리고, 결단력으로 꿈의 실타래를 풀어보길 바란다.

　두 번째 저서를 출간할 수 있도록 계속 응원해주시고, 추천사를 써주신 박성배 박사님께 진심으로 감사를 드린다.